浙江文叢

千甓亭古磚圖釋

〔清〕陸心源 輯

浙江古籍出版社

圖書在版編目（CIP）數據

千甓亭古磚圖釋 / (清) 陸心源輯. —影印本. —
杭州：浙江古籍出版社, 2011.4（2018.5重印）
（浙江文叢）
ISBN 978-7-80715-684-0

Ⅰ.①千… Ⅱ.①陸… Ⅲ.①古磚－器物紋飾（考古）－注釋－中國 Ⅳ.①K877.9

中國版本圖書館CIP數據核字（2011）第044780號

千甓亭古磚圖釋

〔清〕陸心源　輯

出品人　胡小罕
出版發行　浙江古籍出版社
（杭州市體育場路347號　郵編：310006）
網　址　www.zjguji.com
責任編輯　況正兵　楊少鋒
責任校對　余　宏
封面設計　劉　欣
照　排　杭州萬方圖書有限公司
印　刷　浙江新華數碼印刷有限公司
開　本　710毫米×1000毫米　1/16
印　張　52.25
字　數　522.5千
版　次　2011年4月第1版
印　次　2018年5月第4次印刷
書　號　ISBN 978-7-80715-684-0
定　價　220.00圓

ISBN 978-7-80715-684-0

永康元年磚
拓片見第三三頁

永安元年八月十三日磚

拓片見第六五頁

浙江省博物館藏《千甓亭古磚圖釋》原磚照片

寶鼎三年磚
拓片見第八九頁

永寧元年七月十六日磚
拓片見第三〇三頁

永嘉二年八月卅日磚
拓片見第三五八頁

太寧元年七月磚

拓片見第四二二頁

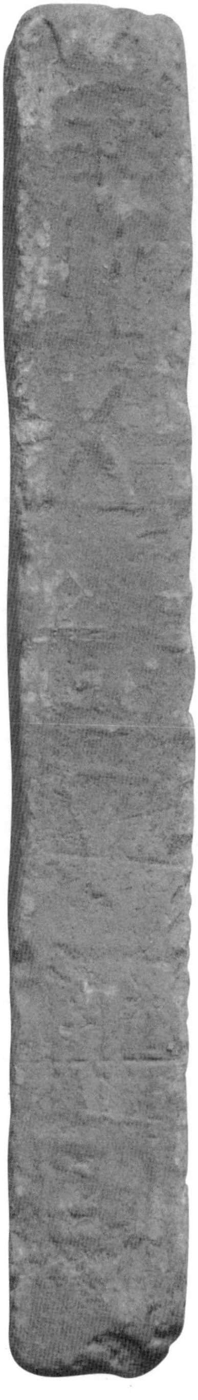

番導磚

拓片見第六〇四頁

黃畏長磚

拓片見第六一八頁

萬歲不畺磚

拓片見第六六四頁

世世不窮磚（已殘）
拓片見第七二七頁

出版説明

古磚文字與鐘鼎銘文、石刻文字有異曲同工之妙。自宋代開始的作爲證經補史的金石學發展到清代，無論是在舊有規模的繼承上，還是在新領域拓展上，都取得了重大成績，並將金石學的研究推到歷史上又一個高峰。文人、學者另闢蹊徑，不惜重金搜求殘斷剥蝕的磚瓦文字材料，集録成册，大量金石學著作刊行。光緒十七年（一八九一），湖州文人凌霞為《千甓亭古磚圖釋》所作序文中就列舉了諸如張燕昌《三吴古磚録》，馮登府、釋達受各輯有《浙江磚録》，周中孚《杭嘉湖道古磚目》，徐熊飛《古磚所見録》，陳宗彝《古磚文録》，丁芮樸《漢晋磚文考略》，陳璜《澤古堂古磚録》，王獻吕《寶鼎精舍古磚録》，鈕重熙《百陶樓甓文集録》，吴廷康《慕陶軒古磚圖録》，嚴福基《嚴氏古磚存》，吕佺孫《百磚考》，紀大復《古磚品》，宋經畬《瓴甋録》以及陸增祥《皕磚硯齋磚録》等專門纂集磚文、磚録的書有十三種之多。但這些磚文專著收録古磚多不過數百種，或傳或不傳，或有圖無考，或有考無圖，體例上均未能臻善盡美，對照傳世的各種磚瓦文著録書籍，《千甓亭古磚圖釋》無論是古磚數量的收録還是在著録體例上都優點盡現。正如凌霞所稱道的，清代皕宋樓主人陸心源以家藏古磚拓本所輯的《千甓亭古磚圖釋》堪稱是『墨林中獨樹一幟』的翹楚。

陸心源（一八三四至一八九四），字剛甫、剛父，號存齋，晚號潛園老人，歸安（今浙江湖州）人。清代四大藏書家之一、學者，官至福建鹽運使。富收藏，精金石之學。光緒十二年（一八八六）著《金石學録補》，光緒十六年（一八九〇）著《吴興金石記》，光緒十八年（一八九二）著《穰梨館過眼録》，另輯有《皕宋樓藏書志》等書。

作爲清代湖州的大收藏家，陸心源傾盡大半生的心血收藏了漢魏至唐宋元各時期古磚千餘方，這些古磚均出自湖州烏程（今浙江湖州）、武康和長興各縣的漢、三國、晋、南朝及唐宋元的古墓。陸氏自號『五百漢晋磚齋主人』，並專門建有『千甓亭』用以集藏，該書的書名也來源於此。光緒十七年歲次辛卯（一八九一），陸氏用攝影法對自己所藏之近千枚上自漢晋、下迄元朝的古磚拓片（其中尤以漢、晋紀年磚為多）進行縮小，並石印出版《千甓亭古磚圖釋》二十卷。書中磚銘拓片紋樣别致、字跡奇異，保留着許多古代紀元、地理、官制、姓氏等資料。文字多為篆書、隸書，又有樹形、人形、虎頭、魚形等圖案。書中所録紀年磚共計六百餘件，最多的是晋代太康（二八〇至二八九）和元康（二九一至二九九）紀年磚，其中太康磚六十六件，元康磚七十六件，由此可見西晋時期江浙地區政治、經濟、文化發展的繁榮景象。每件磚拓旁有陸心源批註，以工部營造尺記其長厚尺寸，考證磚的年代及紀年磚時間的正誤，敘述出土地、磚文内容、文字的變異以及每磚的形制特點。注釋之詳細、考據之精當、資料之翔實、圖版之逼真，使本書的藝術成就和學術價值都得以提升，對于研究金石考古學和書畫藝術具有極高的參考價值。陸氏收藏的古磚在抗日戰爭期間散失很多，新中國成立後，陸氏後裔將剩存的古磚全部捐獻，現分别收藏在浙江省博物館和湖州市博物館，散失的古磚有部分被私人藏家收藏，湖州市博物館藏有古磚拓片四百頁。

值此《千甓亭古磚圖釋》面世兩周甲之際，我們用當時的石印本加以影印，很好地還原了該書的古樸面貌。書中輯録紀年磚較多，為便於讀者查檢，增加本書的使用功能，我社編輯楊少鋒為這些紀年磚編排了拼音和筆畫兩種索引，方便讀者檢索。浙江省博物館拿出部分館藏千甓亭原磚供我們拍攝照片，作爲原磚與拓片的信息對比資料附於書前，從中可以觀察古磚出土百餘年來的變化情況，使本書更具學術價值，在此一併表示感謝。

浙江古籍出版社『浙江文叢』編纂出版組　二〇一一年四月

金石文字之可貴以其可以證古事證異文故學者
多著之而於古器尤致詳焉於殘缺剝蝕中於
地理及制藝以訂訛補闕而姓氏之綿延亦時一遇
之若夫字跡之瑰奇先賢無盡態而窮鄉間之匠工
依乎其古致亦可喜也惟古墓書宋以後文惠諸
有墓錄之作其書不傳而散見於他書者則寥寥
無幾逮
國朝以來著者既多搜討漸密嘗見諸千年碑拓

古塼録吳中頗有異品然止以精顧及纂輯爲古
者則有張氏燕昌三吳古塼録馮氏登府釋達受吾
有浙江塼録周氏中孚有杭嘉湖道古塼目徐氏熊
飛有古塼所見録陳氏宗彝有古塼文録丁氏芮模
有浮齋塼文考畧陳氏璜有澤古堂古塼録李氏
廞有寶鼎精舍古塼録鈕氏重熙有百陶樓甓文集
録吳氏廷康有慕陶軒古塼圖録嚴氏福基有嚴
氏古塼存呂氏佺孫有百塼考紀氏大復有古塼品宗

氏經籒有甎瓦錄近時陸氏增祥有皕塼硯齋塼錄
皆是也其書或傳或不傳集錄者得寓目然一二數
之多者亦不過數百種而止惟東有萬數逾千餘爲
館觀者異之自我老友　鄦園欽鑒焰觀察以通敏
之才思精力累富有藏書印古璽一物亦致之不遺
餘力至塼尤不知凡幾集聚千甓專塼錄之刻仿馮氏
例而近復爲古塼圖釋二十卷傳自相輔而行至諸家
纂輯或有攷而無圖抑或有圖而無考未臻盡善今

磚圖與磚錄並傳，洵為璧合珠聯，誠藝林中獨樹一幟。選本擇印付手民，恐致失真，改以泰西攝影法縮本石印，庶毫髮畢肖。知處同是金石之癖，承命校此，樂觀厥成，爰歡喜讚嘆而為之記。

光緒十七年歲次辛卯秋八月同邑凌霞

目録

工部營造尺式 半具

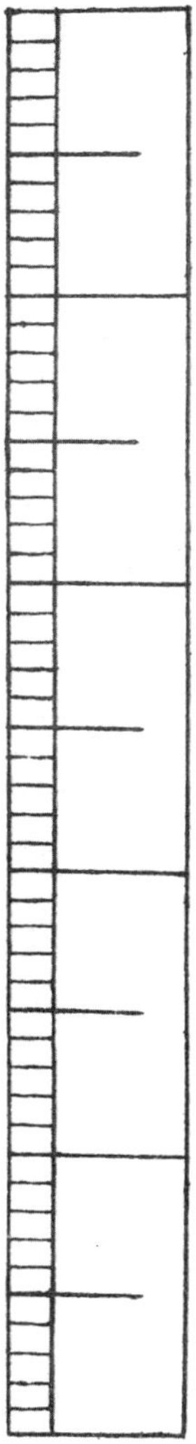

右工部營造尺式按尺度之制代有不同今攷家藏古塼遵會典所定工部營造尺所以尊昭代之制也

注：營造尺，清代營造工程中用的尺，一營造尺等于三十二釐米。

千甓亭古塼圖釋卷一

歸安陸心源剛甫輯

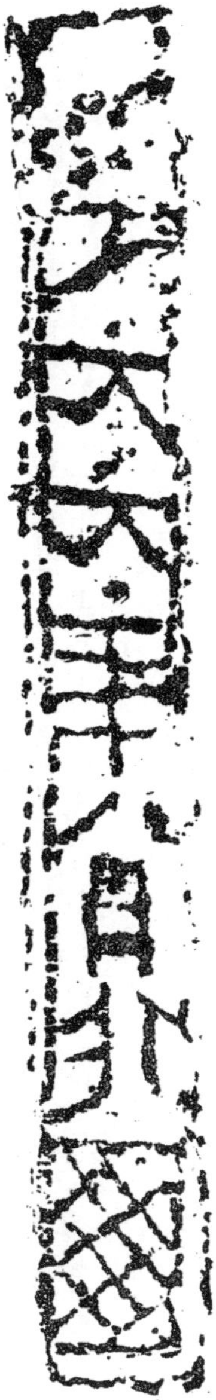

漢建元塼長一尺四分厚一寸三分文曰建元元年八月作凡七字皆反文下窗文案漢武帝晉康帝齊高帝北漢劉聰前秦苻堅皆號建元此塼出烏程與劉聰苻堅遠不相及且書法古拙非漢以後書當屬漢

漢征和塼長一尺七分厚一寸五分文曰征和元年八月三日作

出烏程征字元字反文案征和為漢武帝第十改元年號

漢元鳳塼長一尺一寸六分厚一寸五分文曰元鳳元年二月癸酉朔日造上端文曰吉羊宜子孫出烏程篆文業元鳳爲漢昭帝第二改元通鑑目録元鳳元年二月癸酉朔與塼合

漢元平塼長一尺八分厚一寸三分文曰
元平元年六月孝子連造下端元年
廿三字一字一格篆文出烏程孝子
下似連字蓋造塼人名案元平為漢
昭帝第三改元也

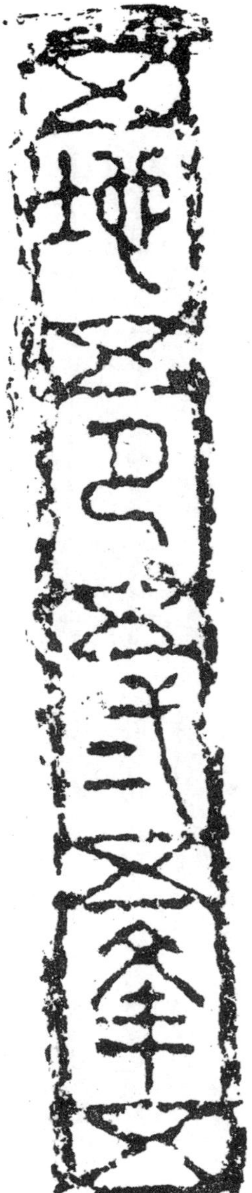

漢地節塼長一尺一寸厚一寸八分文曰地卩弍秊一字一格
格中乂文篆文出烏程卩古文節秊作年爲字書所罕見
案地節乃漢宣帝第二紀元

漢元康塼長一尺厚一寸五分文曰元康元年八月廿日起下端文曰萬年不敗案漢宣帝晉惠帝皆號元康此塼字畫古勁當屬漢元康乃宣帝第三改元出烏程

漢五鳳塼長五寸厚一寸五分上端文曰五鳳三年右側三字上五鳳下一字不可辨一字一格案漢宣帝第四改元曰五鳳吳侯官侯亦同此號此塼近小篆當屬漢鳳字反書年字倒書出烏程

漢甘露塼長一尺一寸五分厚一寸五分文曰甘露二年八月潘氏一字一格篆書右側雲雷及星文又一范短五分並出烏程露字兩塼小異甘字與古文四聲韻凹字同此則倒書案甘露紀元有五乃漢宣帝魏高貴鄉公吳歸命侯前秦苻堅後唐遼義宗此則字畫奇古必漢物也潘氏塼出于吳興者頗多乃潘宗之後

漢甘露塼長七寸厚一寸五分文曰甘露三年七月作凡七字反文下端泉文花紋案甘露紀元有五已見上釋塼出長興必非曹魏前秦物即吳歸命侯紀元祇一年惟漢之甘露爲宣帝第六改元凡四年其爲漢制無疑

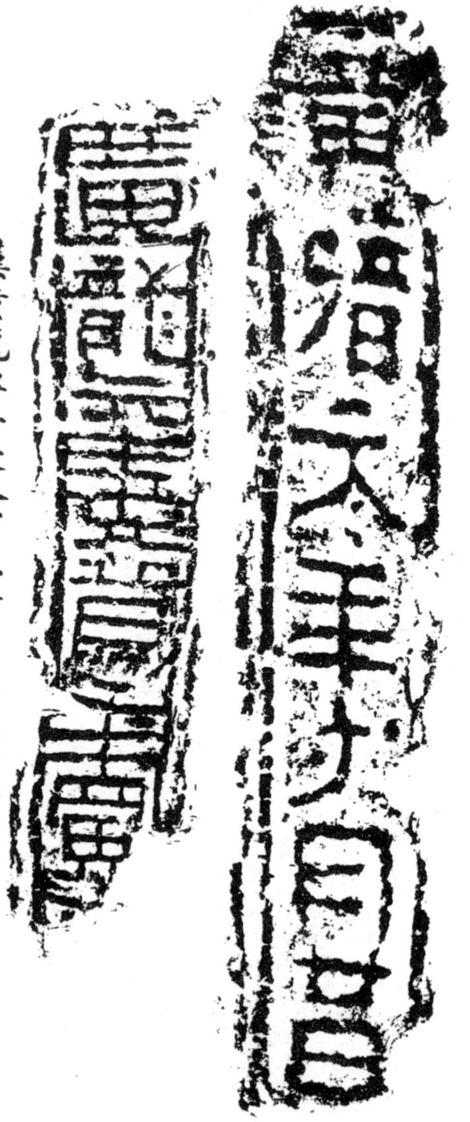

漢黃龍塼一長八寸五分厚一寸四分文曰
黃龍元年七月廿日下斷反文一長六寸二
分厚一寸一分文曰黃龍元年太歲壬寅下
斷案漢宣帝吳大帝皆號黃龍吳之黃龍元
年歲己酉漢宣帝第七改元黃龍止一年屬
壬申此作壬寅當是申字之訛皆出烏程

漢建昭塼長一尺一寸五分厚一寸六分
文曰建昭二年太歲甲申下端沈氏造
一字一格篆文案建昭乃漢元帝第三
改元沈爲吳興著姓墓在郡境者漢則
述善侯沈戎尚書令沈禮荆州刺史沈
彥河間相沈景是也若晉以後則尤多
此可爲沈氏墓塼之鼻祖

漢建始塼長一尺八分厚一寸八分文曰建始二年六月趙造下端宜侯王篆文出烏程案建始乃漢成帝紀元此為趙氏墓塼宜侯王頌禱之辭與宜子孫等

漢元壽塼長一尺一寸厚一寸四分文曰元壽元年建作邢大壁右側下端俱花紋出長興家元壽爲漢哀帝第三紀元邢爲衛所滅子孫以國爲氏見元和姓纂此邢氏墓塼也

漢建武塼長一尺二寸四分厚一寸三分文曰建武元年八月五日都亭侯菅君作反文出烏程案漢光武帝晉惠帝元帝後趙石虎燕慕容忠齊明帝皆號建武趙與燕不相及字迹古樸非漢以後書亭侯秩視中二千石都亭者城内亭也菅爲魯大夫之後字从艸見元和姓纂與管仲之管異然隸書每混而不分攷嘉泰吳興志管仲之後避難逃入吳楚居烏程之棲賢山則此菅氏或即管仲之後歟

漢永平塼左側長五寸右側長七寸厚一寸四分左側文曰惟歲在寅下一字不可辨右側文曰夏氏上端永平二年造案漢明帝晉惠帝皆號永平惠帝改元在辛亥旋改元康無二年漢永平二年在己未今作寅是匠者之誤乃夏氏墓塼也

漢永平塼長九寸八分厚一寸三分文曰永平十二年二月十二日作甓永字作字皆反文十二日上有三格案永平紀元凡三漢明帝晉惠帝北魏宣武帝也塼出烏程與北魏不相及且止五年晉永平當時旋改惟漢之永平有十八年其為漢物無疑　凌霞案作字下似式燕二字下一字泐式燕或是姓名式氏見姓苑

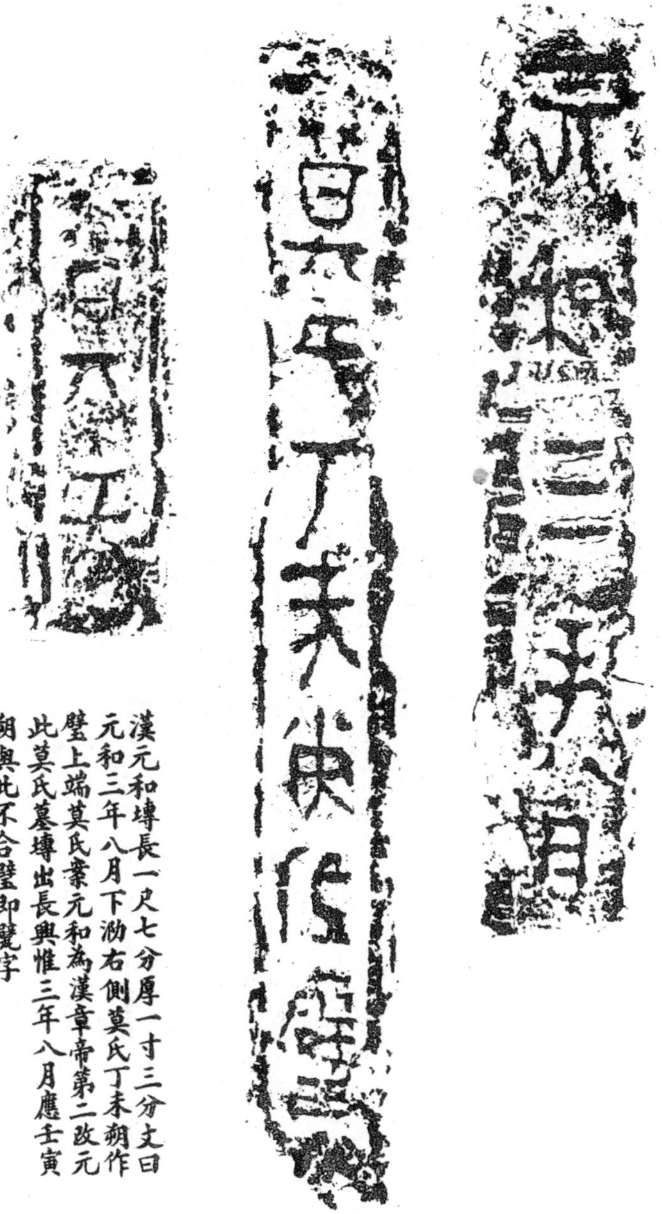

漢元和塼長一尺七分厚一寸三分文曰元和三年八月下泐右側莫氏丁未朔作壁上端莫氏冢元和爲漢章帝第二改元此莫氏墓塼出長興惟三年八月應壬寅朔與此不合壁卽甓字

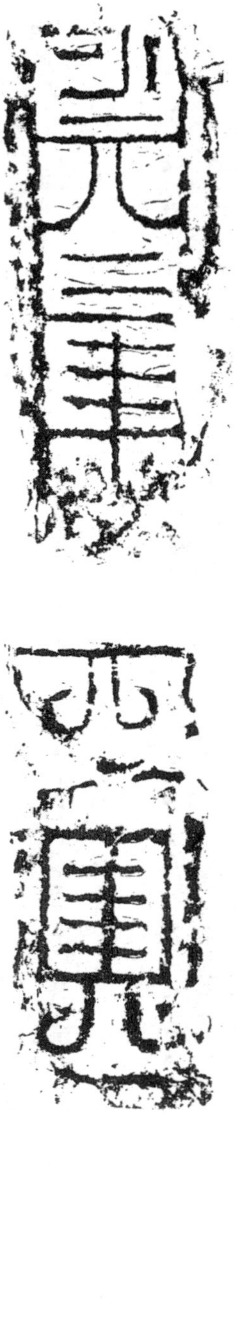

漢永元塼長一尺五分厚一寸六分文曰永元二年下缺上端花紋塼出甯波與前涼不相及字迹古勁非六朝人書當屬漢爲陽湖呂向叔明府所貽

漢永元塼長一尺一寸厚一寸五分上端
文曰永元六年作左側上錠文下大吉宜
子孫皆反文出烏程隸法奇肆定爲漢物
大吉宜子孫乃吉祥語漢人所習用者

漢永元塼長九寸厚一寸三分文曰永元七月戊辰朔下殘泐右側字不可辨下兩格乂文案漢和帝之永元以七月朔推算當是永元九年也出烏程淩霞案永元九年歲在丁酉右側似大歲丁酉以下不可辨

漢永元塼長五寸厚一寸五分文曰永元十一年反文永作[illegible]十作[illegible]年作圭皆隸變槩永元紀元有三漢和帝前涼張茂齊東昏侯皆有是號涼與齊紀年俱未合當為漢之永元所造也

漢永初塼長一尺厚一寸二分文曰永初四年古篆文案永初為漢安帝第一紀元永作[illegible]初作[illegible]四作[illegible]年作[illegible]右側花紋上端[illegible][illegible][illegible]三字下端直格出烏程

漢永寍塼長五寸五分厚一寸文曰永寍元年七月廿下斷反文寍作宁上端魚形案永寍乃漢安帝第三紀元也

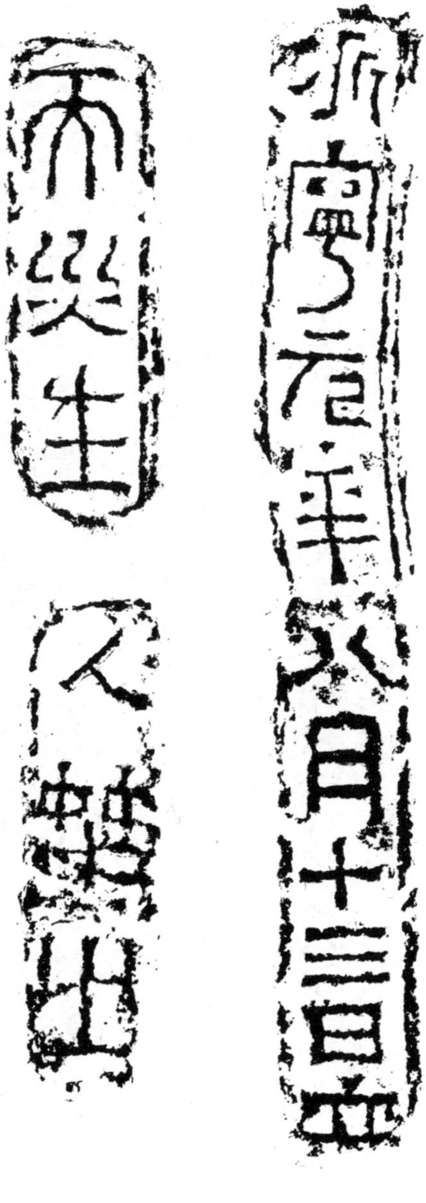

漢永寍塼長一尺一寸三分厚一寸三分文曰永寍元年八月十三日立上端文曰天災生下端文曰人桀出案漢安帝晉惠帝後趙石祗皆號永寍此塼出烏程字形奇古當屬漢

漢建光塼長一尺六分厚一寸四分文曰建光乙年八月十五日作是法

建光二字一格乙年八月一格十五日作一格是法一格篆建光為

漢安帝第四紀元隸有篆意出烏程凌霞棨是法是氏見姓氏急就篇戴是人名

漢延光塼長五寸厚一寸五分文曰延光元年上端既作二字按延光為漢安帝第五改元隸有篆意似延光殘碑出烏程凌霞棻既作或是人名既亦姓見姓氏急就篇

漢延光塼長五寸厚一寸四分雙行反文
文曰延晃元年封穴閏月十八日□□太
歲在戌太歲上二字不可辨出烏程晃
即光字凌霞案在戌當是壬戌

漢延光塼長七寸厚一寸
四分文曰延光二年反文
中間古泉下斷凡漢塼
正面皆作麻布文此獨
作籧篨文出長興

漢永建塼長七寸厚一寸三分文曰
永建五年八月十日下斷案永建爲
漢順帝第一紀元出烏程

漢永和塼長一尺一寸厚一寸八分上端文曰
永和元年右側文曰萬山不敗大吉出烏程西
余山古冢鄉氏疑爲萬歲塼棄之有持貽余識
爲永和元年塼字文奇古而深厚案永和紀元
自漢順帝至北涼凡四此爲漢永和無疑永作
〓和作〓年作〓山即歲字皆隸變省文

漢永和塼長九寸一分厚一寸一分
文曰永和五年八月宣嘉壁上端
文曰大吉詳宜子孫出烏程宣氏
墓塼也案永和爲漢順帝第三改
元詳借爲祥漢人常有之

漢永嘉塼長九寸四分厚一寸四分文曰永加元年八月十日立作之也反文案漢沖帝晉懷帝皆號永嘉塼質堅厚隸法奇肆似沈君神道闕當屬漢嘉作加省文又一塼字迹不同故並存之

漢本初塼長一尺六分厚一寸六分文曰本初元年歲在丙戌下端造作則三字本初乃漢質帝紀元在位未久金石文字傳世絕少塼出烏程之遊村為漢季避亂地本作本初作丙戌作古乃匠人所為也造作[illegible]馮氏雲鵬金石索釋為可文疑為奇皆非

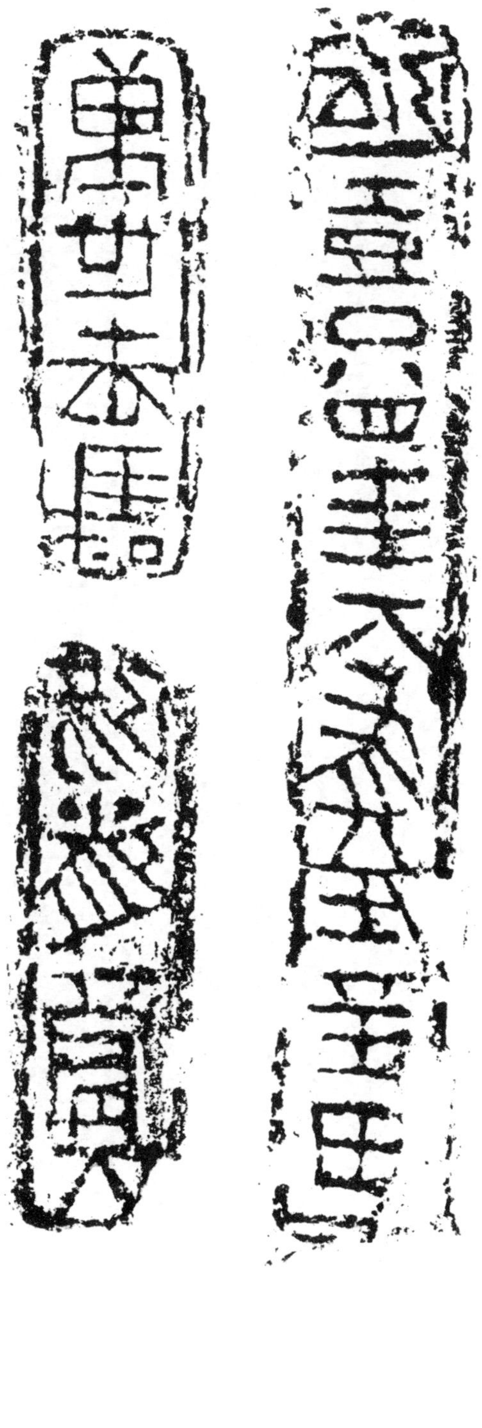

漢延熹塼長一尺二寸厚一寸九分文曰延熹四年太歲在辛丑上端萬世老壽下端陽遂富貴反文案延熹爲漢桓帝第六改元陽遂富貴楊氏峴謂與易林之逢時陽遂富且尊貴同言富貴如火之盛也其說可通字畫瑰異皆變體也

漢延熹塼長一尺七分厚一寸六分文曰延熹十一年八月甲子朔廿日作壁案延熹祇十年六月已改為永康至次年則為靈帝建寗元年或民間以道遠未知若建寗元年八月推之當為丙子朔塼作甲子或匠氏之誤熹作喜壁从艸皆變體〔三〕之為延猶鳳皇之作凡皇蓋俗書也

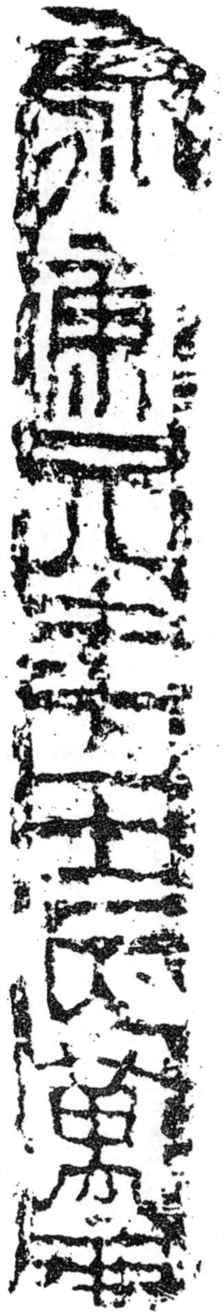

漢永康塼長一尺厚一寸五分文曰永康元年王氏萬年上端文曰永康元年案漢桓帝晉惠帝後燕慕容寶西秦乞伏熾磐皆號永康塼出長興與後燕西秦皆不相及字迹古質當屬漢蓋王氏墓塼也

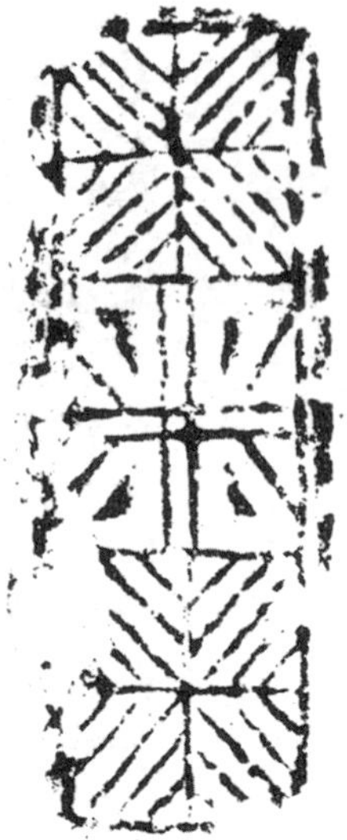

漢永康塼長一尺一寸厚一寸八分文曰永康二年歲在戊申吳作上下端皆花紋出烏程案漢桓帝紀元永康僅一年次年戊申即靈帝之建寧元年民間或未知耳吳爲泰伯後國爲越滅子孫因以爲氏漢有廣平侯吳超尚書吳奮墓皆在烏程見談鑰吳興志或即其墓塼歟

漢中平塼長五寸八分厚一寸七分文曰中平六年七下斷七字反文漢靈帝第四改元也案甲子十二月改元中平己巳四月少帝立改元光熹八月旋改昭寧九月愍帝立改元永漢至十二月復稱中平紛更靡定民間猶循用中平紀元耳

漢建安塼長八寸一分厚一寸文曰建安二年八月十日上下端模糊不可辨漢愍帝第四紀元也出烏程

漢建安塼長六寸五分厚一寸四分文曰建安廿四年三下斷

吳黃興塼長九寸四分厚一寸六分文曰黃興元年八月廿日作□下一字不可辨上端文曰大吉羊□富富上一字不可辨案黃興無此年號塼出烏程當爲黃武之譌羊即祥

吳黃龍塼長一尺厚一寸五分左側文曰黃龍元年右側文曰太平三年七月反文上端回文案黃龍爲吳大帝紀元太平乃侯官侯紀年相隔已卅年殆匠人誤合二范爲一也三即四之籀文以積畫爲之

吳黃龍塼長一尺厚一寸二分文曰萬歲黃龍三年下端吳家冡三字出烏程案黃龍為吳大帝第二紀元馮氏登府浙江塼錄亦收之而缺冡字乃吳氏墓塼也

吳嘉禾塼長一尺一寸二分厚一寸一分文曰嘉禾七年七月造上端大吉祥三字出烏程龍山案嘉禾為吳大帝第三改元嘉禾年號盡于此年八月次月即改赤烏矣造作造祥作祥皆隸變

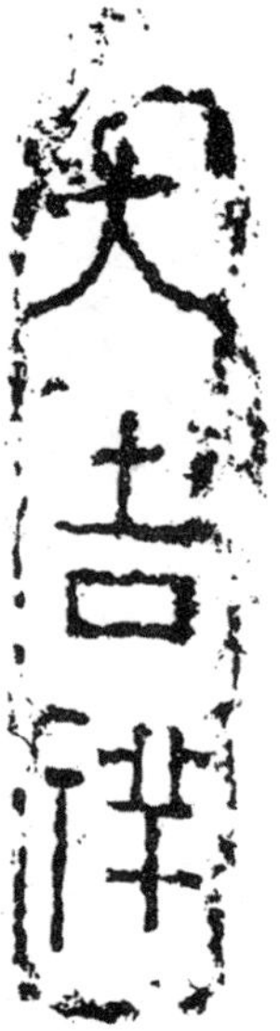

吳嘉禾塼其尺寸年月文字皆同
上塼惟字畫有別故並存之

千甓亭古塼圖釋卷二

歸安陸心源剛甫輯

吳赤烏塼長三寸七分厚一寸三分文曰赤烏四下斷上端大吉二字面有泉文作五十字案赤烏乃吳大帝第四改元也出烏程

吳赤烏塼長一尺七分厚左側一寸右側一寸三分文曰赤烏五年封
下截二格作不敗二字出烏程

吳赤烏塼長一尺一寸厚一寸二分上端
文曰赤烏七年左側文曰造作吳冡吉
翔位至公卿卿字反文出烏程赤作烾
烏作為至作𡉀皆隸變然赤字應从大
从火自以烾為長也翔即祥古通

吴赤烏塼尺寸較前范畧短其文悉同字形小異卿字則非反文皆吴氏墓塼也吉翔位至公卿乃頌禱辭

吳赤烏塼長八寸一分左側一寸三分右側八分上端文曰赤烏七年右側蕉葉紋出烏程

吴赤烏塼長九寸八分厚一寸五分文曰赤烏八年歲在乙丑圓冢師俞岑萬世槀古器物欵識有稱師者皆工師之謂圓冢師即圓冢匠凡墳周棺之槨方周槨之冢圓蓋專門造冢故曰圓冢師也

吳赤烏塼長八寸厚一寸一分下端文曰赤烏十年兩字一格左側歲不敗三字一字一格上斷每格字上間以)(文敗字反文出烏程

吳赤烏塼長七寸八分厚九寸文曰赤烏十年造作作字半泐兩字為一格每格字上間以)(文出烏程

吳赤烏塼長一尺厚一寸一分文曰
出赤烏十一年七月廿日作之反文
下直紋上端古泉文出長興赤烏上
出字未詳案漢晉塼嘗有于年號
上加地名如武康則加武字是也然
三國時郡縣無所謂出者姑从闕疑

吳赤烏塼長五寸五分厚一寸六分文曰俞氏赤烏十二下斷
反文下端花紋俞氏墓塼也出烏程

吳太元塼長一尺厚二寸三分文曰泰元元年八月十六日潘緒作上端✕紋出烏程喬木山元元二字反文案吳大帝晉孝武帝前涼張駿皆號太元前涼不相及當屬吳吳之太元乃吳大帝第五改元也潘緒無考

吳建興塼長一尺厚一寸四分文曰建興三年四字建字反文下直格左側亦直格上端似三鐘霜二四字案漢後帝吳侯官侯成李雄晉愍帝涼張實後燕慕容垂皆號建興塼出長興與蜀漢成涼後燕不相及据其字體當屬于吳然建興止二年或誤刻三也

吳五鳳塼長一尺三分厚一寸四分文曰五鳳元年八月十八日造反文上端萬歲二字右側窗文出烏程案漢宣帝吳侯官侯皆號五鳳今定爲吳五鳳乃侯官侯第二紀元也

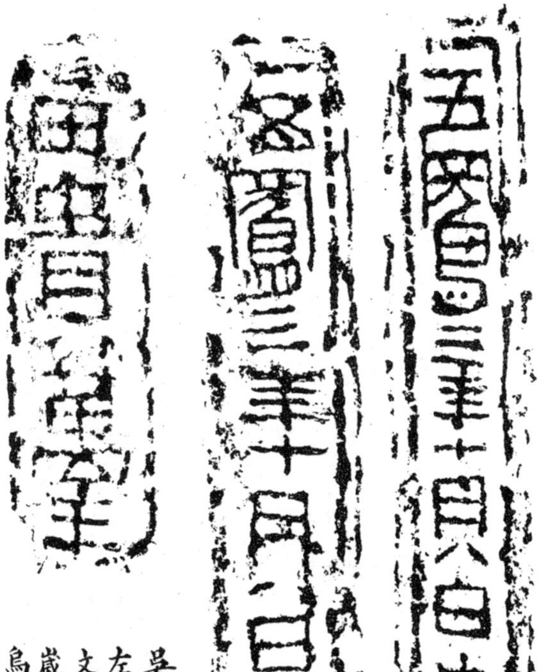

吳五鳳塼長一尺一寸三分厚一寸四分左側文曰五鳳三年十月八日造會稽吳文㨿右側文曰五鳳三年十月八日造太歲在丙子上端富貴萬年富字已半泐出烏程吳氏墓塼也吳文㨿無考案五鳳為吳侯官侯第二紀元丙子十月即改太平矣

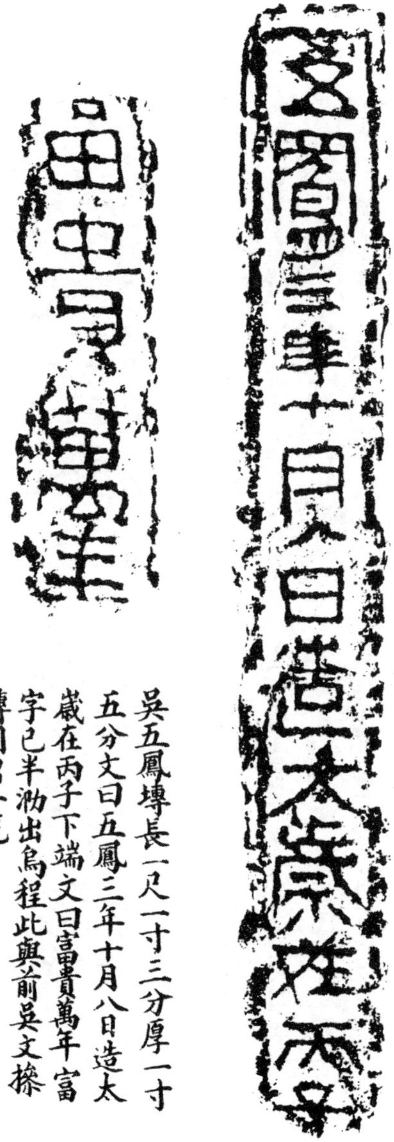

吳五鳳塼長一尺一寸三分厚一寸五分文曰五鳳三年十月八日造太歲在丙子下端文曰富貴萬年富字已半泐出烏程此與前吳文搽塼同出一笵

吴五鳳塼長七寸五分厚一寸五分
文曰五鳳三年下斷下端花紋上端
富貴萬年四字與前塼别是一范
貴作貴萬作萬皆隸變

吴五鳳塼長七寸五分厚一寸五分文曰五鳳三年下斷下端花紋上端富貴陽隊陽隊二字反文隊字已殘缺隊與隧遂皆可通

吳太平塼長七寸二分厚一寸三分文曰太歲在丙子作上端文曰太平元年營俱反文營字太字丙字皆殘缺案太平爲吳侯官侯第三改元也出烏程

吴太平塼長三寸五分即前塼之斷者文曰太歲在上端文曰太平元年管此雖斷塼然管字轉完善太歲字亦較明晰不忍棄因並存之管者管氏之冢也

吳太平塼長四寸五分文曰太平二年七月下斷年字七字反文

吳太平塼長九寸五分文曰太平二年八月廿日下邳丁潘作也上端子孫萬年四字下端㐅文下邳字反文案下邳屬徐州即今邳州境也丁潘蓋下邳人而葬吳興者其人無可考此磚爲凌味門茂才舊藏

* 右行底本裝訂時訂入中縫，各本皆然，無法影印，今據底本殘字及《千甓亭磚録》補全文字。

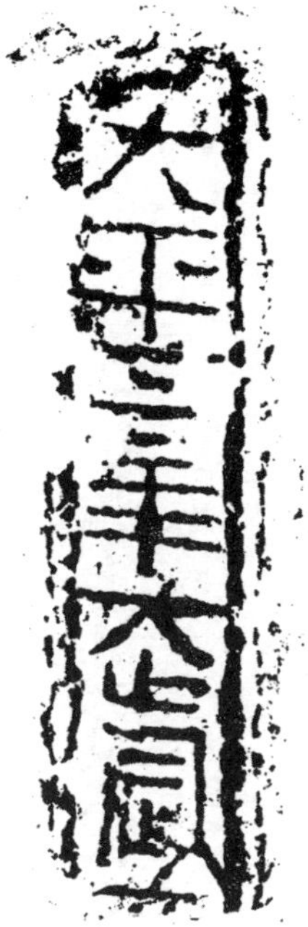

吳太平塼長五寸五分厚一寸二分
文曰太平三年太歲在下斷在字
已殘出烏程

吳太平塼長五寸五分厚一寸三分文曰太平二年歲在下斷
上端人形出烏程

吳太平塼長五寸七分厚一寸三分文曰太平三年下斷上端不敗二字一字一格每字上有)(紋不字已殘敗字作ヨ日反文出烏程

吳太平塼長一尺厚一寸五分文曰太平三年造姓鄒氏上下凵冂文其太平三年造五字中直連貫上端古泉文已模糊鄒氏墓塼也出烏程

吴太平塼長一尺六分厚一寸一分
文曰太平三年七月八日太歲在
寅下端胡大君三字胡為胡公後
大君猶稱府君先君出烏程

吳太平塼長九寸七分厚一寸三分
文曰太平三年七月廿日昨之宜貴
反文上端古泉文昨即作字出長興

吳永安塼長九寸八分厚一寸六分文曰永安元年八月十日右側文曰大中番君作下六文二字不可解下端石冰起下一字不可辨反文出烏程案永安吳景帝紀元後漢百官志太中大夫千石番姓也見通志氏族畧石冰當是匠人名

吳永安塼長九寸四分厚一寸五分文曰永安元年八月十三日右側文曰舍人番君作云六字反文案史記高祖為沛公以噲為舍人是舍人之名漢初已有永安年號自吳至北魏凡四此當屬吳出烏程

吳永安塼長一尺三分厚一寸三分文曰永安二年皃氏造作萬歲永作宗安作安造作伷皆變體此皃氏墓塼也出烏程窯姓氏急就篇漢有皃寬皃湯皃長卿皃萌皃宏

吳永安塼長九寸五分厚一寸五分左側文曰永安三年右側文曰建□二年八月作建字作字俱反文建下一字不可辨蓋匠人誤合二范為一也

吴永安塼長七寸七分厚一寸三分文曰永安三年師丁氏造作永作永師作師造作佶作作咋皆變體師乃工師丁氏蓋工師姓也

吳永安塼長四寸八分厚一寸八分
文曰永安四下斷出烏程

吳永安塼長六寸五分厚一寸四分
文曰永安五年八月出烏程

吳永安塼長一尺厚一寸五分文曰永安六年太歲癸未作反文案吳景帝於戊寅十月改元永安六年歲在癸未與吳志合出烏程

吳永安塼長一尺厚一寸三分文曰永安六年七月十二日太歲在癸癸者癸未也出烏程之道場山

吳永安塼長一尺一寸厚一寸三分
文曰永安六年八月廿四日造作壁
反文上端窗文出烏程

吳永安塼長一尺一寸厚一寸六分文曰永安六年八月立作反文上端萬歲二字永作□安作□六作□年八作□月作□萬作□歲作□皆變體其□字中所間紋也

吳永安塼長一尺一寸一分厚一寸五分
文曰永安七年烏程都鄉陳肅冢反文
上端花紋出烏程案管子四鄉曰都廣
雅十鄉曰都蓋以都統鄉也後漢書注
都亭城内之亭則都鄉當是城内之鄉
陳肅無可攷

吴永安塼長六寸五分厚一寸五分文曰永安七年七月十五下斷五字已殘上端古泉文出烏程

吳永安塼長一尺厚一寸二分上端文曰永安十六年作反文左側字不可辨案永安無十六年此匠人誤衍十字也

吳甘露塼長一尺一寸五分厚一寸五分文曰甘露二年胡公輔立葬宜子孫壽万年下端胡世子宜万年年字泐案甘露紀元有五此當是吳之甘露歸命侯第二改元也万廣韻十千也三國吳志胡綜汝南固始人後封侯古者五等之爵子孫皆稱世子或綜子孫所造亦未可知公輔猶公侯公卿

吳甘露塼與前塼文同惟尺寸微長而字迹小異故並存之

吴甘露塼長一尺厚一寸三分文曰甘露二年八月大十七日于何上端花紋出烏程于氏墓塼也案元和姓纂周武王第二子邘叔子孫以國爲氏後去邑爲于氏于何無考八月下大字不可解

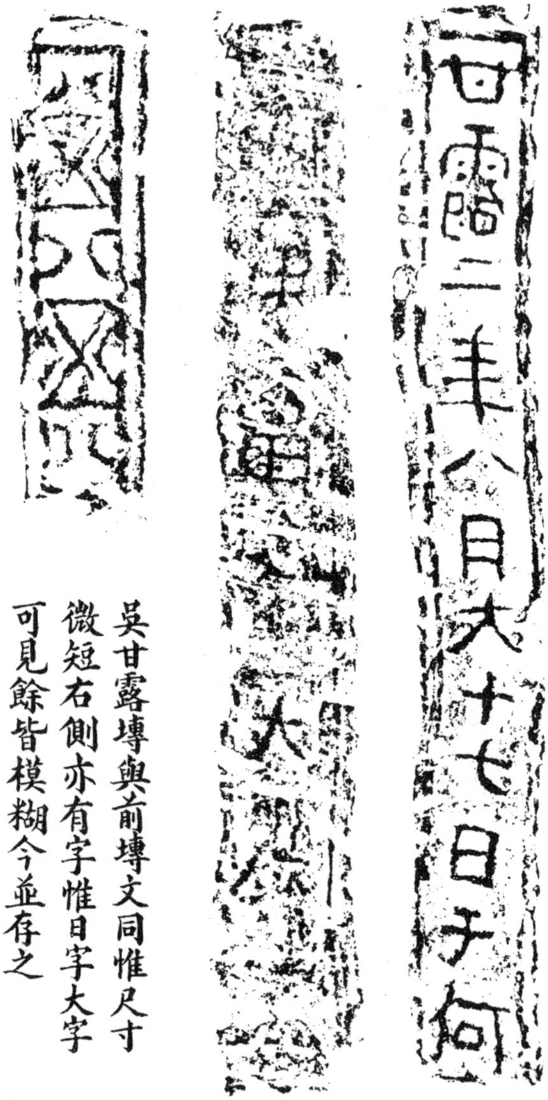

吳甘露塼與前塼文同惟尺寸
微短右側亦有字惟日字大字
可見餘皆模糊今並存之

千甓亭古塼圖釋卷三

歸安陸心源剛甫輯

吴寶鼎塼長一尺一寸五分厚一寸四分文曰寶鼎二年七月廿日臨淮裴雁造下端文曰作壁大吉祥反文出烏程吴歸命侯第三紀元也廿即卅臨淮乃今泗州境裴雁爲臨淮人而作冢于吴興者裴爲蜚邑君之後去邑从衣爲裴氏見元和姓纂

吳寶鼎塼其文及尺寸與前塼同惟字迹有異因並存之作字祥字已殘缺

吴寶鼎塼其文與前塼同惟短寸餘別是一笵亦坿存之大吉祥等字磨滅已甚出烏程三碑鄉

吴寶鼎塼長四寸五分厚一寸三分上端文曰寶鼎二年
下端花紋出烏程

吴寶鼎塼長四寸厚一寸文曰寶鼎二年下斷右側
萬歲不下斷出長興

吳寶鼎塼長九寸五分厚一寸二分文曰寶鼎二年歲在丁亥徐君郭上端虎頭形徐氏墓塼也出烏程徐爲楚滅子孫分散以國爲氏見元和姓纂三國吳志徐詳字子明烏程人封鄉侯徐固烏程著姓也郭與槨通

吴寶鼎塼其文字及虎頭形皆同惟短
五分因並存之丁亥字較前塼更殘

吳寶鼎塼長一尺二寸厚一寸四分文曰寶鼎二年夏君之左上端萬歲二字乃夏氏墓塼之左者墓左之塼也左字歲字皆反文

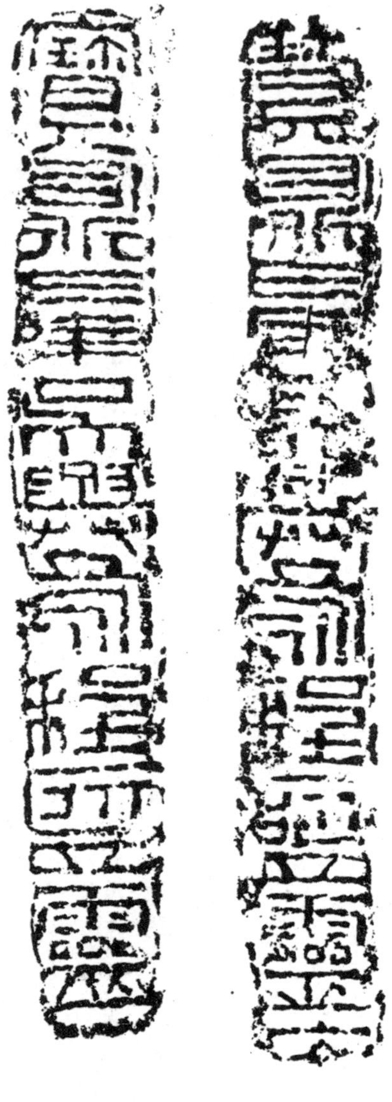

吳寶鼎塼長一尺一寸二分厚一寸四分文曰寶鼎三年吳興烏程所立靈穴案寶鼎元年分吳郡之陽羨永安餘杭臨水烏程丹陽郡之故鄣安吉原鄉於潛為吳興郡治烏程見三國吳志說文穴土室也詩黃鳥臨其穴鄭箋穴塚壙中也大戴禮曾子天圓篇陽之精氣曰神陰之精氣曰靈靈穴蓋即冢之謂耳二拓顯晦各異因並存之

吳寶鼎塼長一尺七分厚一寸四分
文曰寶鼎三年歲在丙子陳下端
萬世二字中間花紋案三年屬戊子
作丙子者匠氏誤書也

吳寶鼎塼長四寸厚一寸一分文曰
寶鼎三年下斷年字已殘缺過半

吳寶鼎塼長四寸五分厚一寸
一分文曰寶鼎四年下缺鼎
字已殘泐石門胡匊鄰茂才
所贈

吴寶鼎塼長九寸四分厚一寸四分文曰寶鼎四年□□□黃芔命大立之四年下字已泐不可辨出長興黃氏墓塼也芔即卉字人名命大立之者黃卉命大造此塼也

吳寶鼎塼長一尺四分厚一寸五分文曰寶鼎四年八月蔡造上端雙雀形中間古泉文蔡氏墓塼也出武康案蔡為蔡仲之後以國為氏見元和姓纂

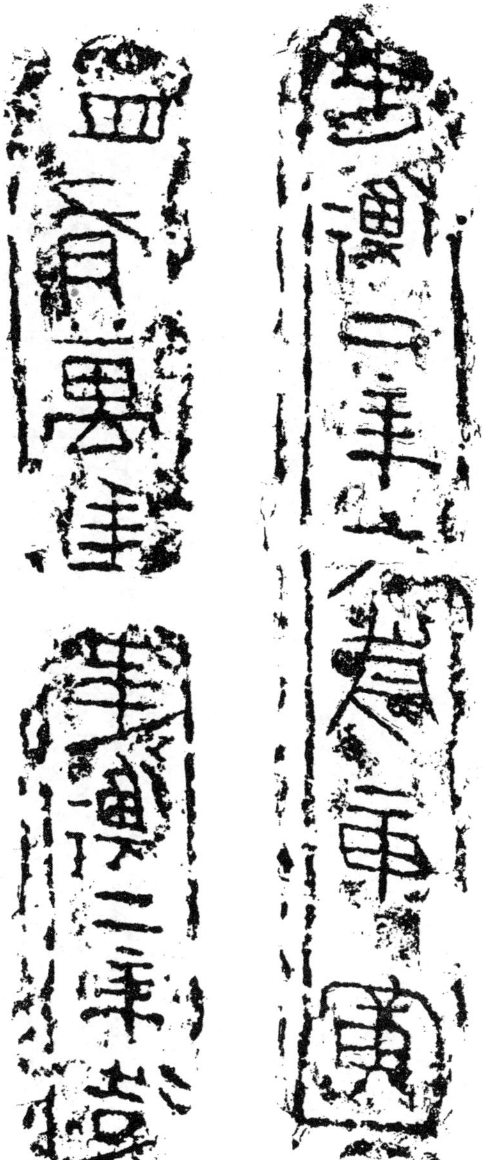

吴建衡塼長一尺一寸厚二寸文曰建衡二年太歲庚寅上端孟有萬年
下端建衡二年造反文孟氏墓塼也案建衡爲吴歸命侯第四改元孟
乃魯桓公子慶父之後號曰孟孫因以爲氏見元和姓纂孟字已殘

吴建衡塼長一尺厚一寸二分文曰建衡二年常富貴宜子孫
葢吉祥頌禱語出長興

吳建衡塼長一尺一寸厚一寸七分文曰建衡三年七月十日作出烏程

吳鳳皇塼長一尺八分厚一寸五分一字一格
上端花紋出烏程西余山案鳳皇為吳歸
命侯第五改元范乃士會之後蓋范氏墓
塼也篆法奇古月作[illegible]范作[illegible]造作[illegible]皆
異文

吴鳳皇塼長一尺八分厚一寸五分文曰鳳皇元年九月范氏造上端萬歲二字一字一格出歸安亦范氏墓塼惟皇作凰范作柉造作話與前塼異

吴鳳皇塼長四寸六分厚一寸四分文曰鳳皇元年一字一格上端有花紋又一塼字形微異乃並存之

吴鳳皇塼長一尺七分厚一寸三分文曰鳳皇元年太歲在辰反文上端乂紋出烏程西余山案太歲在辰者壬辰也在作右辰作厇皆變體

吳鳳皇塼長四寸六分厚一寸二分
文曰鳳皇元三字下斷出烏程

吳鳳皇塼長四寸五分厚一寸四分
文曰凡皇二年下斷出武康案說文
鳳从鳥凡聲或同聲通借抑匠者
之俗書也

吴鳳皇塼長八寸四分厚一寸一分文曰鳳皇二年吴興彭下缺上端萬歲二字或彭氏墓塼也出烏程殘泐已甚

吳鳳皇塼長一尺厚一寸五分左側文曰鳳皇二年八月三日東萊孟陳
右側文曰鄭遵所造上端富貴陽遂下端北海二字案晉書地理志
東萊國統縣九孟陳無考蓋東萊人而葬吳興者北海乃鄭姓之望
鄭遵是造塼人名陽遂考已見漢延熹塼吳五鳳塼

吳鳳皇塼長一尺五分厚一寸三分文曰鳳皇二年九月下端文曰范家作反文出烏程菁山此與鳳皇元年九月范氏造塼同出一處當爲一家所造

吳鳳皇塼長九寸厚一寸三分文曰鳳皇三年施氏作甓二字一格上端富貴二字一字一格施氏墓塼也案廣雅釋宮甓塼也塼文亦有作壁者乃借字也年作秊甓作甓貴作貴皆變體施為吳興望族塼文之有施姓者頗多

吳鳳皇塼長四寸五分厚一寸七分文曰鳳皇
四年下斷二字一格反文出歸安之埭頭

吳天冊塼長一尺一寸厚一寸五分文曰天冊元年八月乙酉朔案天冊為歸命侯
第六改元通鑑目錄八月甲申朔與此差一日字有天發神讖碑意

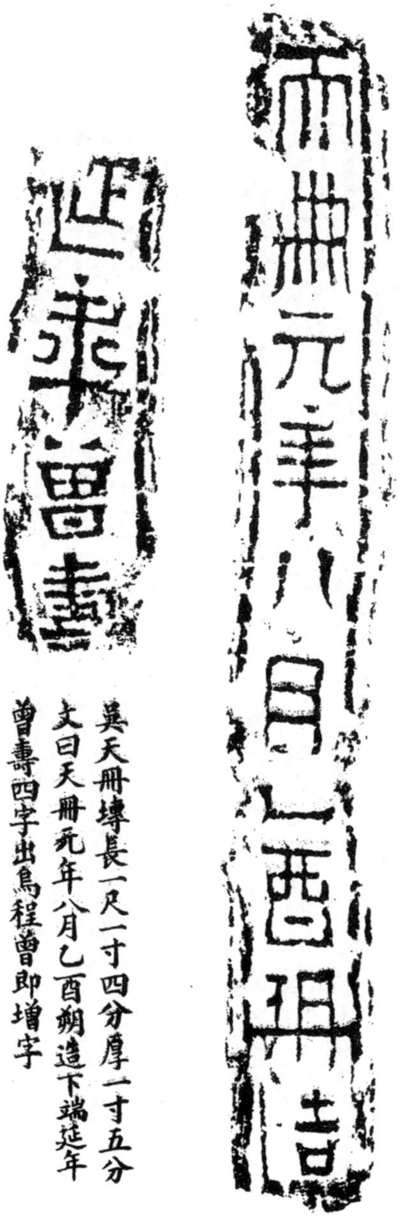

吳天册塼長一尺一寸四分厚一寸五分文曰天册元年八月乙酉朔造下端延年曾壽四字出烏程曾即增字

吳天册塼長一尺一寸四分厚一寸四分文曰天册元年八月乙酉朔造作下端延年曾壽此較前塼多一作字且字迹不同亦出烏程

吴天册塼長一尺厚九分文曰天册元年九月作出烏程之郭西灣

吴天璽塼長一尺九分厚一寸文曰天璽元年太歲在丙申荀氏造四字一格在字荀字反文出長興案天璽爲吴歸命侯第七改元荀爲周郇侯之後去邑以國爲氏見元和姓纂

吳天璽塼長一尺九分厚一寸四分文曰
天璽元年太歲在丙申萄氏造四字一格
下端八月興功四字二字一格亦萄氏墓塼
同出長興

吳天璽塼其文及尺寸與上塼同
惟八字與字異因並存之

吳天璽塼亦與上塼同惟秊在申等字小異亦坿列焉

吳天紀塼長一尺三分厚一寸一分文曰天紀元年八月卅日作上端孝子吳葬大一字一格出烏程之西余山吳氏墓塼也案天紀爲歸命侯第八改元天作[illegible]元作[illegible]年作[illegible]月作[illegible]卅作[illegible]日作[illegible]孝作[illegible]吳作[illegible]葬作[illegible]大下或敓吉字

吴天紀塼長一尺厚一寸四分文曰天紀元年大歲凡六字天紀上一字不可辨中惟紀元二字為一格餘則一字一格

吳天紀塼長一尺三分厚一寸二分文曰天紀元年太歲丁酉丹楊芮作造上端萬歲二字分為二格芮作芮變體案芮祉丹陽人由九江太守轉吳郡子良及元俱官于吳女為孫登妃則此墓塼或祉之裔抑其族歟楊即陽字凌霞案丹陽因山多赤柳故曰丹楊

吳天紀塼長一尺六分厚一寸文曰天紀元年太歲丁酉上端萬歲二字出烏程

吳天紀塼長九寸八分厚一寸文曰天紀元年歲建丁酉一字一格出烏程天作兲歲作𡻜皆奇創

吳天紀塼長九寸厚一寸五分上端文曰天紀元年一字一格下端文曰八月興功興功二字較小功字反文右側文曰萬歲不敗吉萬歲不三字一字一格敗吉二字為一格此五字已殘泐

吳天紀塼長一尺一分厚一寸四分
文曰天紀元年八月卅日一字一格
上端烏程吳葬四字無格其字
體與前孝子吳葬塼同葬作苑
省文也月字烏字反文

吴天紀塼長一尺五分厚一寸四分文曰天紀元年大歲丁酉一字一格下丹楊芮氏作五字雙行丹楊芮一字一格氏作二字一格上端萬歲不敗四字無格亦芮氏墓塼也出烏程

千甓亭古塼圖釋卷四

歸安陸心源剛甫輯

吳天紀塼長九寸五分厚一寸二分文曰天紀二年反文左側蕉葉文出烏程

吳天紀塼長九寸厚一寸二分文曰天紀二年八月十七作反文下截已泐出烏程

吳天紀塼長五寸四分厚一寸二分文曰天紀下斷上端有萬世二字一字一格天作兲與無極山碑兲字同世作丗乃變體出烏程

吳天紀塼長六寸八分厚一寸四分
文曰天紀二年太歲在下斷上端
有所作壁三字一字一格壁作壁
變體出烏程

吳天紀塼長一尺一寸厚一寸六分文曰天紀二年太歲在戊戌下端一龍書法奇縱出烏程郭西灣

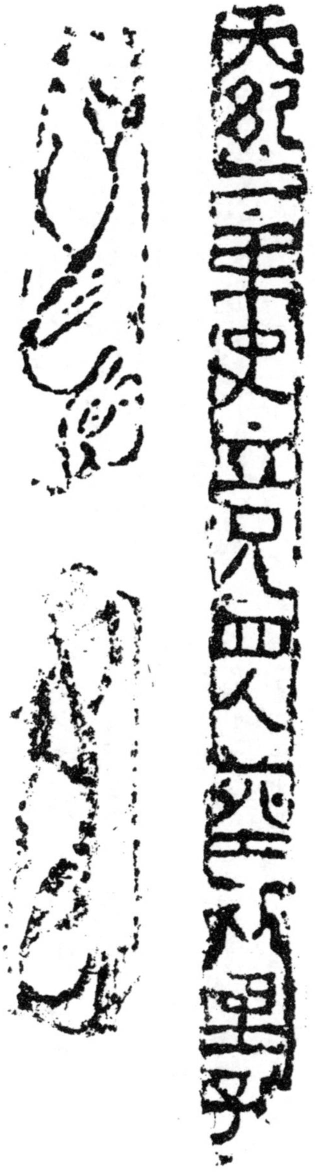

吴天紀塼長一尺一寸左側厚八分右側厚一寸三分文曰天紀二年史立兄四人葬所里下一字似孤字上下端皆有一龍亦出烏程郭西灣淩霞案所里似祝里或是地名

吳天紀塼長一尺三分厚一寸五分
文曰天紀三年太歲己亥閏月十七
日造作凡十五字反文上端直格案
通鑑目錄是年閏七月閏月者當
是閏七月也出烏程

晉太康塼長一尺厚一寸三分文曰泰康元年歲在子上端古泉間以花紋案太康爲晉武帝第三紀元歲在子者庚子也太作泰

晉太康塼長一尺厚一寸二分文曰太康元年中間古泉乂紋上端一康字下截古泉乂紋出烏程案康巽隨晉元帝渡江為吳興郡丞見顔魯公集此或康氏墓塼然在巽之前也

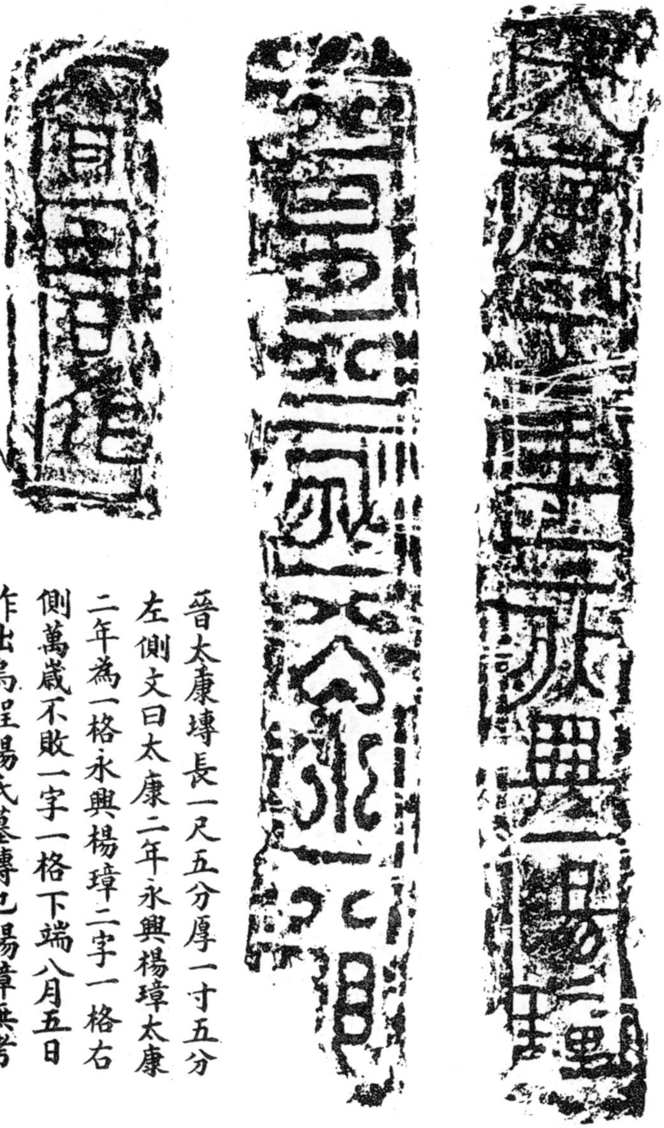

晉太康塼長一尺五分厚一寸五分左側文曰太康二年永興楊璋太康二年為一格永興楊璋二字一格右側萬歲不敗一字一格下端八月五日作出烏程楊氏墓塼也楊璋無考永作𠂢興作㒷皆變體

晉太康塼長一尺四分厚一寸文曰太康二年歲在寅造出烏程
案太康二年歲辛丑非寅也此匠工之誤寅作寅

晉太康塼長九寸七分厚一寸三分
文曰太康二年歲在辛丑下端施冢
甓三字此施氏墓塼出烏程道場山
甓作甓

晋太康塼長一尺八分厚一寸四分文曰
太康二年太歲辛丑下端陳長所作四字
太作亣二作ㄨㄨ年作丰歲作𢧵皆奇古此
陳氏墓塼晋塼之有陳姓蓋不一焉

晉太康塼長一尺六分厚一寸五分文曰
惟太康二年錢氏作凡八字上端雙雀
形出武康錢氏墓塼也案古鐘鼎文開
端多用惟字漢碑亦然此塼蓋猶此意
錢作[illegible]

晉太康塼長一尺七分厚一寸四分文曰太康二年太歲在己丑上端有冢字上一字不可辨下端有吉字案太康二年歲在辛丑匠人誤作己丑也出烏程

晉太康塼長一尺七分厚一寸五分文曰大康二年大歲己丑上端似與家二字下端一吉字此當與前塼同但少一在字且字形小異耳

晋太康塼長一尺厚一寸三分文曰太康二年二月庚戌朔十日吴慶制上端雀形出烏程案通鑑目録太康二年二月壬子朔塼作庚戌或通鑑有誤此吴氏墓塼吴慶無考慶作[illegible]變體也

晉太康塼長九寸三分厚一寸四分文曰太康二年九月八日章士康法篆書下端太康二年歲在丑隸書反文出烏程案左傳齊人降郭子孫改為章氏此章氏之始章士康無所考 淩霞案法字似造字反文

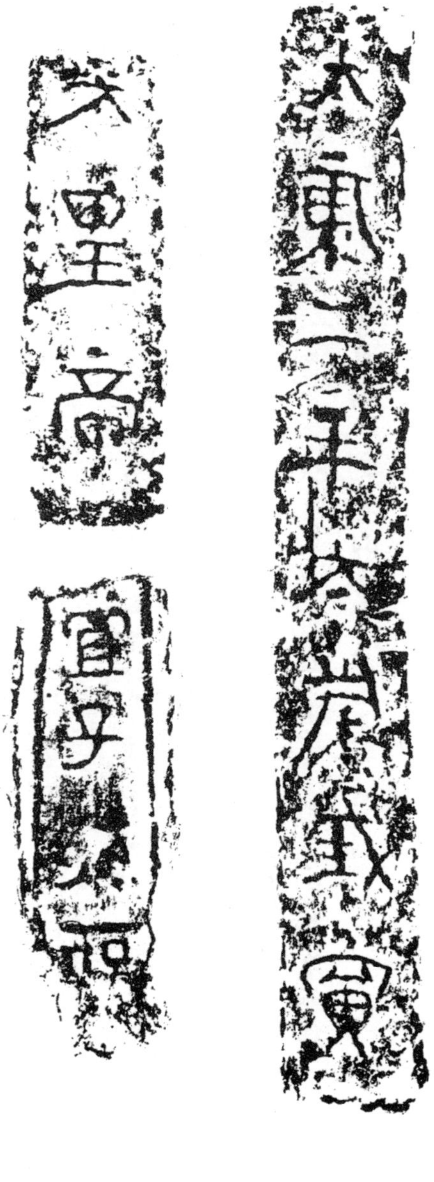

晋太康塼長一尺一寸厚一寸五分文曰太康二年太歲在寅上端大皇帝皆反文下端宜子孫所作作字已泐出烏程案其文義當是三面連讀大皇帝當在太康上宜子孫當在寅下如此一氣貫通歲在寅匠氏之誤也

晉太康塼長一尺一寸厚一寸五分文曰太康二年太歲在寅凡八字下四字反文上端曰鳳皇鳥下端曰宜子孫所作其鳳皇鳥及所作等字皆反文塼出烏程之菁山鳳皇鳥當是古地名無攷

晉太康塼長一尺厚一寸三分左側文曰太康三年七月造萬歲右側文曰吳興烏程人姓管之壁皆反文出烏程

晉太康塼長一尺七分厚一寸三分文曰太康三年歲在任寅上端萬歲二字出烏程寅字已半泐壬作任同聲通借也

晉太康塼長一尺厚一寸四分左側文曰太康三年七月造作壁右側文曰吳興烏程人菅晏冢槨皆反文出烏程此與前太康三年姓菅之壁當為一家所造冢槨者冢中槨也菅晏無攷

晉太康塼長九寸五分厚一寸五分左側上晉立二字中間書窗文下太康二字上端亦有書窗文

晉太康塼長五寸厚一寸四分文曰太康三年下斷下端太平歲三字反文出烏程太平歲猶太平時吉祥語也

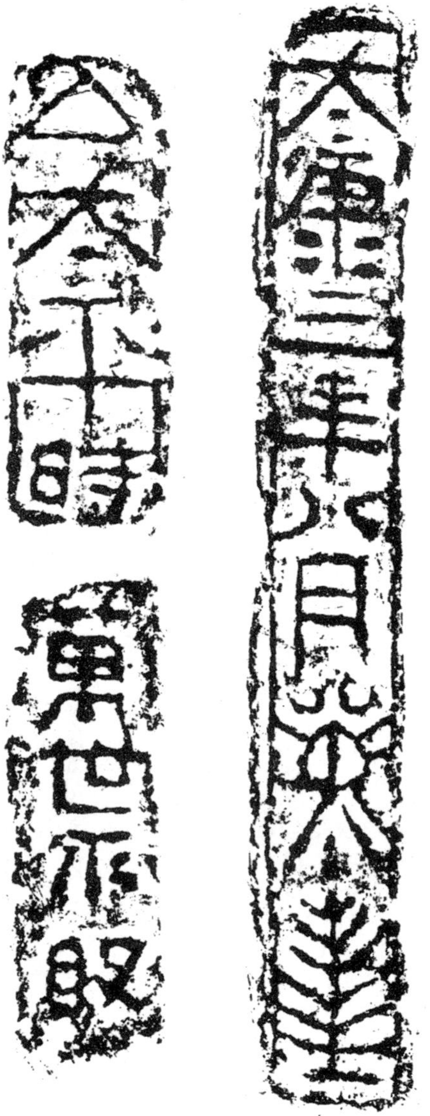

晉太康塼長一尺二分厚一寸五分文曰太康三年八月下花紋上端文曰太平時下端文曰萬世不敗出烏程太平時者吉祥語也

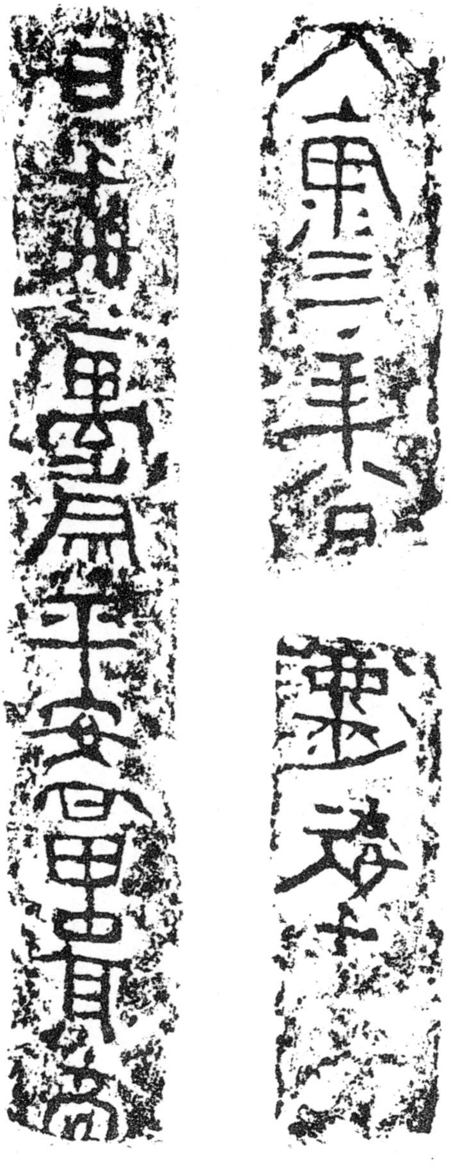

晉太康塼長一尺四分厚一寸六分上端文曰太康三年八月右側文曰八日千丗萬歲平安富貴高下端文曰遷餘千三字此當一氣連讀則文義貫串蓋頌禱語也

晉太康塼長一尺九分厚一寸文曰太康三年八月十日下一字泐太康上斜方格紋出烏程

晉太康塼長三寸厚一寸五分下端文曰晉太康三年晉字上朱雀形年字下元武形右側一字或是敗字餘斷出烏程

晉太康塼長一尺厚一寸四分文曰太康三年八月廿八日下泐出烏程

晉太康塼長七寸厚一寸四分文曰太康三年十月下花紋大康三年四字為一格十月二字並書為一格出烏程

晉太康塼長一尺一寸一分厚一寸四分
文曰太康三年黃家所造作下端有吳
興郡三字太字吳字半泐造字反文家
作家變體出歸安埭頭此黃氏墓塼案
郡城南二十五里有下菰城為春申君黃
歇所築則黃姓亦古時吳興土著也

晉太康塼尺寸文字與前塼同惟字形大小微别因並存之太字全吳郡二字更殘泐

晉太康塼長五寸厚一寸三分上端文曰太康四年鄒伯良造作左側
書窗泉文鄒氏墓塼也鄒伯良無攷出長興鄒作郰

晉太康塼長九寸五分厚一寸五分
文曰太康五年歲在甲辰作下端
二雀形出長興年作𠕇歲作嵗皆異

晉太康塼長一尺厚一寸五分文曰康五年作之上端司⊙二字反文出烏程此或司氏墓塼司為鄭大夫司臣之後見名賢氏族言行類稿司⊙無攷

晉太康塼長五寸厚一寸七分上端文曰太康六年左側文曰何氏造大相下一字不可辨凡六字分為二格何氏墓塼也太作冎六作宍年作秊造作䢔皆奇古凌霞案何疑是阿風俗通阿衡之後又後魏阿伏千氏改阿字大相當是人名下一字似榔字

晉太康塼長一尺一寸一分厚一寸四分
文曰太康六年楊普壁右側㐅文下端
楊普甓三字一字一格上二字已泐楊為
伯僑之後見元和姓纂楊普造塼人名
也出烏程

晉太康塼長一尺厚一寸四分左側文曰太康六年右側上端皆陰文不可辨出武康

晉太康塼長一尺三分厚一寸五分
文曰太康六年鄒氏所造萬年之壁
反文上端古泉文出長興鄒氏墓塼也

晉太康塼長一尺一寸六分厚一寸七分上端文曰太康六年反文左側花紋出武康

晉太康塼長九寸厚一寸三分文曰太康六年四月安吉
凡八字出長興

晉太康塼長九寸文曰太康六年乙□歲七□制右側魚紋上端鳥紋案太康六年乃乙巳歲七下當是月字

晉太康塼長四寸五分厚一寸四分文曰太康六年下斷

上端衹存八月二字太作亣絶異

千甓亭古塼圖釋卷五

歸安陸心源剛甫輯

晉太康塼長一尺九分厚一寸六分文曰太康六年八月吳興貝靈元所立下端乂紋出武康貝氏墓塼也案梁始興忠武王碑安成康王碑皆吳興貝義淵書則貝固吳興著姓貝靈元無攷

晉太康塼長一尺厚一寸五分文曰太康六年丙戌朔十日口口吴制吴上二字不可辨側與端皆花紋此吴氏墓塼出烏程案太康六年丙戌朔推算當屬八月也

晉太康塼長一尺四分厚一寸三分
文曰太康六年八月七日以下不可
辨上端吳興鄒三字鄒氏墓塼也
出武康

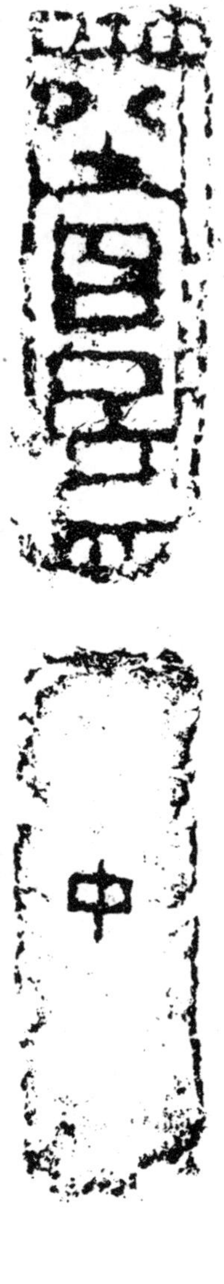

晉太康塼長九寸三分厚一寸六分文曰太康六年八月□作作上一字及上端皆不可辨下端有一中字或中氏墓塼也泰有中期見戰國策漢有少府中京見風俗通太作同 康作亷皆異

晉太康塼長一尺厚一寸五分文曰晉太康六年八月楊氏興功右側有書窗格紋上下端似有陰文不可辨出長興楊氏墓塼也康作[illegible]六作[illegible]年作[illegible]月作[illegible]楊作[illegible]皆奇

晉太康塼長一尺二分厚一寸四分文曰太康六年八月陳郡殷氏陰文正書出長興案陳郡即今河南陳州府境晉太常卿殷融墓在吾湖郡城西南見談鑰吳興志融子康爲吳興太守在太康年間想葬于此時融蓋陳郡人其爲殷融墓塼無疑

晋太康塼長四寸五分厚一寸三分文曰太康七年歲在丙下斷上端廣陵尚口口曹六字曹上二字不可辨出烏程案晋書職官志尚書郎置三十五曹此當廣陵人官尚書郎曹而葬于吴興者

晉太康塼長一尺五分厚一寸三分文曰太康二字反文
下花紋出武康

晉太康塼長一尺二分厚一寸三分文曰太康七年丙午歲止季承父出烏程案止即邱邱氏墓塼也邱爲吳興著姓漢時有名俊有名騰有名聰有名昭三國吳時有名傑有名詢有名敬有名裕有名夷皆見嘉泰吳興志而不及季承父或傑之子姓抑詢敬等人之字耶

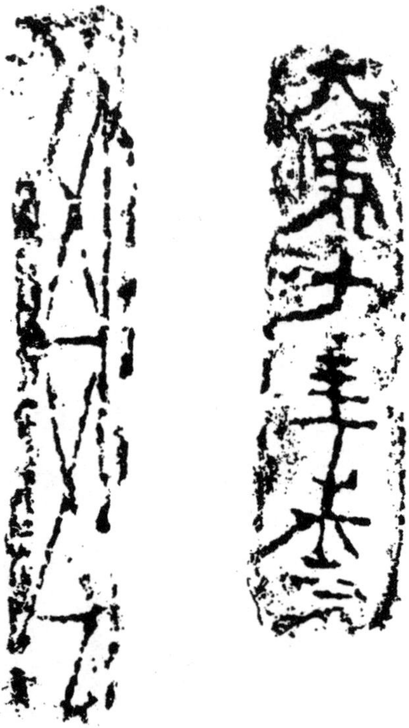

晉太康塼長五寸八分厚一寸一分上端文曰太康七年朱墓反文左側斜方格文出烏程朱氏墓塼也淩霞案朱下似立字

晋太康塼長一尺一寸厚一寸五分文曰太康七年辛巳朔作
據通鑑録目推算是年辛巳朔乃八月也

晉太康塼長一尺二分厚一寸二分文曰
太康七年甲戌朔立功太歲在丙午下
端管墓宜貴四字出烏程棲賢山管氏
墓塼也案通鑑目錄是年九月庚戌朔
則甲戌乃庚戌之誤戌作㦰朔作𭂌功
作玓在作𡉀貴作𧴪皆變體

晉太康塼長五寸五分厚一寸
四分文曰太康七年七月出烏程

晉太康塼長四寸厚一寸四分
文曰太康八年太下斷

晉太康塼長一尺五分厚一寸五分
文曰太康八年太歲丁未七月制上
端㐫文出石門胡子樂茂才舊藏

晉太康塼長一尺五分厚一寸五分文曰太康八年太歲丁未七月作上端求氏二字出石門此求氏墓塼亦胡子樂茂才舊藏案元和姓纂會稽有求氏本裘氏改石門本漢會稽郡宜其地有求氏也

晉太康塼長九寸三分厚一寸三分文曰太康八年七月廿日僕冢反文下端有僕冢二字亦僕氏墓塼也

晉太康塼長九寸六分厚一寸二分文曰王太康八月僕家所作
反文右側直格出烏程僕氏墓塼也案元和姓纂僕氏周僕人
後通志氏族畧吳興有僕氏望河南太康上王字猶春王正月之意

晉太康塼長一尺厚一寸三分文曰太康八年八月乙亥朔吳氏作下端人形吳氏墓塼也出烏程案八月乙亥朔與通鑑目錄合

晉太康塼長一尺五分厚一寸五分文曰太康八年臨安凌鄉制萬年右側萬歲不敗下端八月十日案吴有凌統世居餘杭二子曰封曰烈見元和姓纂臨安餘杭晉時皆屬吴興在今杭州府境則鄉或統之後歟

晉太康塼長九寸四分厚一寸二分文曰太康八年八月廿日出烏程

晋太康塼長五寸五分厚一寸四分文曰太康九三字下斷太康上古泉文出烏程

晋太康塼長四寸六分厚一寸三分文曰太康九年下斷出烏程

晉太康塼長一尺一分厚一寸四分
文曰太康九年戊申王氏作上端又
文惟九字反文出武康王氏墓塼也

晉太康塼長一尺一分厚一寸三分
文曰太康九年八月僕家壁下端
文曰兄弟三人作出烏程亦僕氏
墓塼也

晉太康塼長一尺二分厚一寸四分文曰
太康九年歲在戊申世安平下端福貴
遷上二字已泐累福與富古通釋名
福富也出烏程

晉太康塼文字與前塼同然別
是一范且福貴遷三字較完善
因並存之

晉太康塼長一尺五分厚一寸三分左側文曰太康九年八月十日汝南細陽右側太康九年八月十日汝南細陽黃訓字伯安墓南細陽黃四字已泐下端書窗文出長興案細陽縣漢屬汝南郡晉廢并入宋縣今安徽太和縣境塼稱細陽想其時尚未廢耳黃訓蓋細陽人而葬于吴興者

晉太康塼長一尺厚一寸三分左側文曰太康九年八月十日汝南細陽右側太康九年八月十日汝南細陽黃訓字伯安墓黃字上皆泐上端黃訓字伯安墓下端書窗文出長興

晉太康塼長一尺厚七分文曰太康九年八月十日汝南黃訓字伯安起墓出長興三種皆黃訓之墓塼也

晉太康塼長九寸厚一寸五分文曰太康九年八月十日內九字反文出烏程

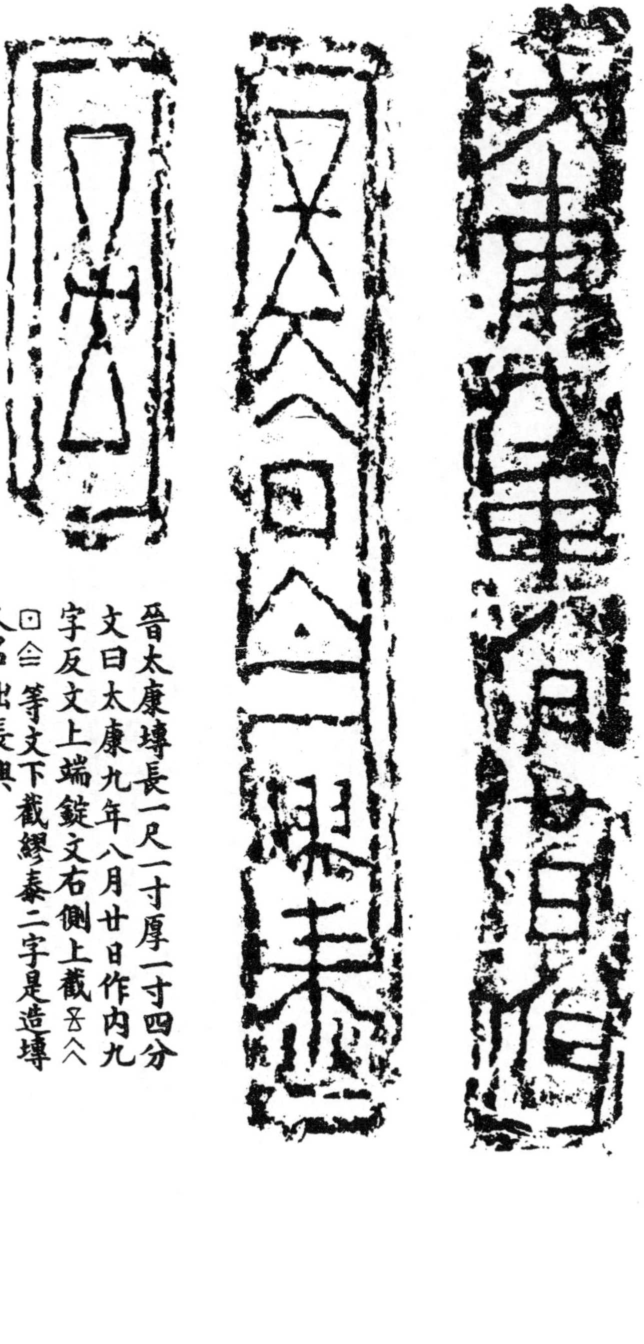

晉太康塼長一尺一寸厚一寸四分文曰太康九年八月廿日作内九字反文上端錠文右側上截ㄨ〈〈回亼等文下截繆泰二字是造塼人名出長興

晉太康塼長一尺五分厚一寸四分文曰太康十年七月十日陳寶主宜下端斜棋文此陳氏墓塼寶主乃造塼人名宜者與薛氏鐘鼎欵識博山鑪雙魚洗之富貴昌宜相同出烏程

晉太康塼長八寸五分厚一寸五分
文曰太康十年八月四日上端古
泉文已殘出烏程

晉太康塼長一尺左側厚九分右側厚一寸一分文曰太只十年八月十日孝子亯上端萬歲二字亯孝子之名康作只甚奇出烏程

晉永熙塼長九寸二分厚一寸三分

文曰永熙元年所上端有十字出焉

程案永熙晉惠帝第一紀元也

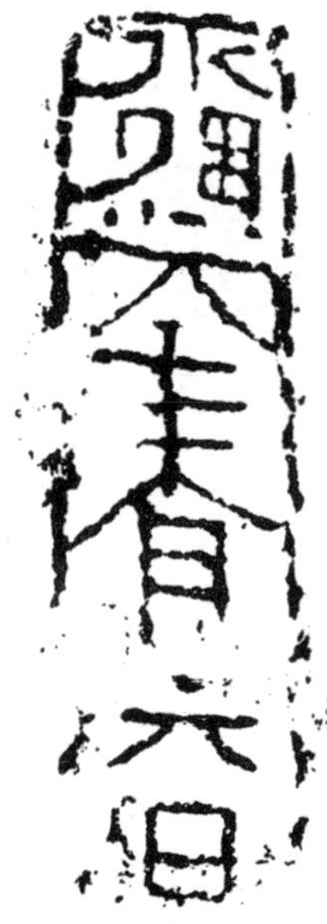

晉永熙塼長九寸四分厚一寸四分上端文曰永熙元年八月六日反文左側上錠文下䨓鵠二字分兩格亦反文雲鵠當是人名雲氏黃帝以雲紀官出縉雲氏之後見姓氏急就篇注出烏程

晋永熙塼長一尺八分厚一寸五分文曰永熙元年八月十日作

凡九字出烏程

晉永熙塼長四寸六分厚一寸二分文曰永熙元年八月十一反文下斷

上端周氏二字反文而上一字又與前塼雲鴿之雲字相似

晉永平塼長一尺四分厚一寸六分文曰永平元年七月作永平元三字陽文年七月作四字陰文案永平爲晉惠帝第二紀元出烏程

千甓亭古塼圖釋卷六

歸安陸心源剛甫輯

晉元康塼長一尺厚一寸三分文曰元康元年所作壁反文上端窗文按元康為晉惠帝第三紀元也出武康凌霞案元康上之亞或晉之省文

晉元康塼長一尺二寸厚一寸一分文曰元康元年六月廿七日陳鐘紀作富貴宜子孫興出長興康作𢊁年作𠦪陳作陴富作畗宜作宐孫作紓興作𢍏皆變體陳鍾紀無考

晉元康塼長九寸八分厚一寸二分
文曰元康元年七月十七日陳豨為
父作下端萬年二字出長興此陳
氏墓塼豨作猻為作為變體也

晉元康塼亦陳稀為父作其文、與上塼同惟尺寸較長下端無萬年二字有虎頭紋

晉元康塼長一尺三分厚一寸三分文曰元康元年八月十日東萊曲成魯綀墓下端黄訓字伯安墓案晉書地理志曲成屬東萊國今山東掖縣東北境元和姓纂魯頃公爲魯所滅子孫以國爲氏東萊本魯地綀蓋東萊人而葬吳興者下端黄訓等字乃匠人誤合二范爲一出長興

晉元康塼長八寸厚一寸四分文曰元康元年八月廿日在子作在字反文上端古泉文案晉惠帝永平元年歲在辛亥然三月即改元康民間不知誤以二年為元年故云在子也

晋元康塼長四寸七分厚一寸五分文曰元康元年八月月字已殘反文上端花紋出武康

晋元康塼長一尺四分厚一寸一分文曰元康元年八月廿六日出烏程

晋元康塼長一尺一寸厚一寸四分文曰元康元年宋氏造篆文此宋氏墓塼出武康

晋元康塼長五寸七分厚一寸二分文曰惟元康元下斷一字一格上端古泉窗文出武康

晉元康塼長五寸七分厚一寸六分文曰武元康元年太歲下斷出武康年號上加武字蓋謂武康所造塼也

晉元康塼長一尺二分厚一寸文曰元康一年十月一日□作作字反文作上一字泐出武康

晉元康塼長一尺厚一寸四分文曰
元康二年歲壬子作下端常平安
三字出烏程常平安吉語也

晉元康塼長三寸六分厚一寸二分文曰元康二下斷上端㐅文下王鳳二字出歸安王氏墓塼也案晉書孝義傳有王談烏程人鳳或其族歟

晉元康塼長六寸五分厚一寸五分文曰元康二年八月十下斷出烏程

晉元康塼長一尺一寸厚一寸五分
文曰元康二年八月十日歲在子其
字半已殘泐上端乂文出武康

晉元康塼長一尺厚一寸四分文曰元康二歲在子鈕氏造出烏程鈕氏墓塼也案鈕爲吴興著姓嘉泰吴興志引王儉姓苑内有鈕瑒字彥真晉察孝廉後封臨水侯循字元嗣中散大夫新昌太守東遷侯此鈕氏或即其族歟

晉元康塼長一尺六分厚一寸三分文曰元康二年太歲在任子出烏程二作巛與太康二年塼同壬作任與太康三年任寅塼同

晉元康塼長九寸厚一寸一分文曰元康二年九月凡六字出烏程

晋元康塼長一尺二寸二分厚一寸六分雙行文曰元康三年六月廿七日孝子中郎陳鍾紀作宜子孫位至高遷累世萬年相禪下如魚形上端元康三年六月陳鍾八字案中郎者從事中郎也禪者傳也萬年相禪即釋名所謂轉轉相傳也上端字已殘泐中有直文

此即上塼之面文曰宣城廣德施家作凡七字作字已殘案晉書地理志廣德屬宣城郡此陳氏墓塼出于長興施家匠者之名也

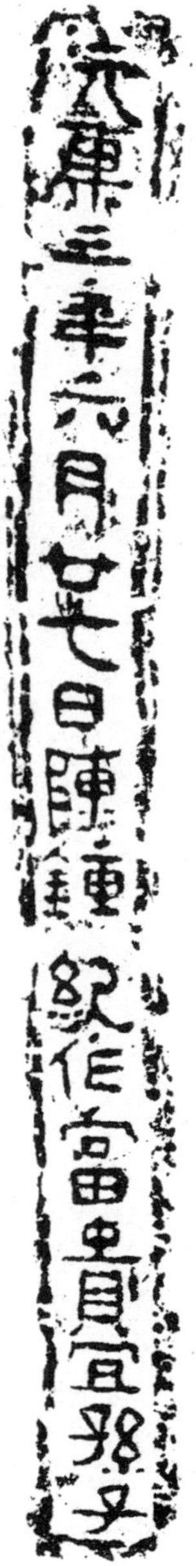

晉元康塼長一尺二寸厚一寸文曰元康三年六月廿七日陳鍾紀作富貴宜孫子案陳鍾紀前有元康元年塼此與上塼則係元康三年所造者

此即上塼之面有廣德施家作五字

晉元康塼爲孝子中郎陳鍾紀作雙行文字與上塼悉同惟尺寸微短上端似魚形且字迹較顯因並存之

晉元康塼長一尺厚二寸一分文曰
元康三年七月十五日起上端
乂文出烏程

晉元康塼長九寸三分厚一寸文曰元康三年九月十日下三字泐不可辨上端有走字出武康

晉元康塼長一尺四分厚一寸三分文曰元康四年□廿三作元康反文下端七字可辨者元立作日四字出烏程

晋元康塼長五寸七分厚一寸四分文曰元康四年九月下斷上端四字不可辨出武康

晉元康塼長四寸六分厚一寸二分文曰元康五年四字下斷
上端鏇文出烏程

晉元康塼長八寸二分厚一寸四分
文曰元康五年所作下端所作二字
俱反文出烏程凌霞案所作似司作一正一反

晉元康塼長九寸七分厚一寸四分文曰萬歲元康五年七月楊作萬字半缺上端萬口作作上一字泐俱反文楊氏墓塼也出武康歲作[illegible]康作[illegible]

晉元康塼長九寸厚一寸三分文曰元康五年歲乙卯七月作凡十字惟七字反文出長興

晉元康塼長四寸七分厚一寸五分
文曰元康五年下斷出武康

晉元康塼長五寸八分厚一寸四分
文曰元康五年八反文下斷出武康

晉元康塼長一尺厚一寸一分文曰
元康五年八月諫議錢丕平造作下
端有一向字案後漢書百官志諫議
大夫六百石魏賈逵常拜此官晉承
魏制而職官志失載此塼可補晉書
之缺出烏程

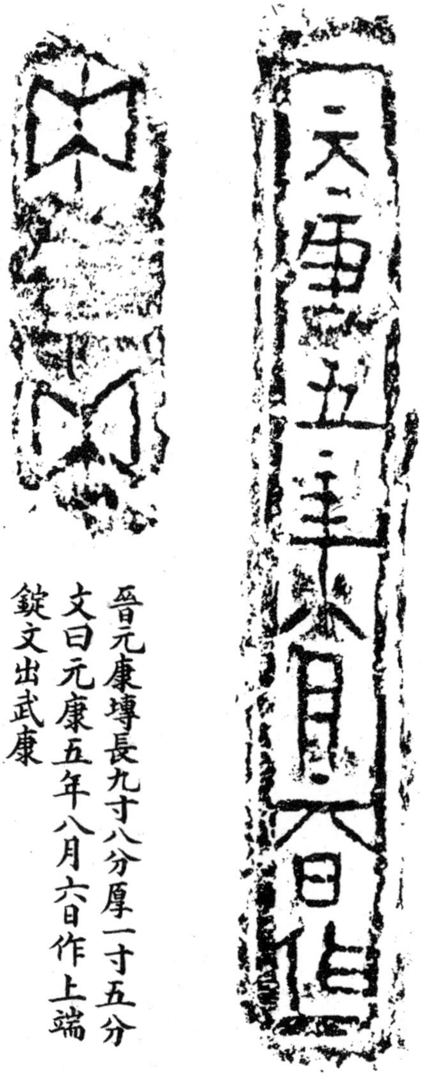

晉元康塼長九寸八分厚一寸五分
文曰元康五年八月六日作上端
錠文出武康

晉元康塼長一尺厚一寸三分文曰
元康五年歲在癸卯吳下端萬歲
二字出烏程吳氏墓塼也

晉元康塼長一尺二分厚一寸六分文曰元康五年癸丑謝氏作上端花紋下端文曰姓矦吳郡加興人出武康康五二字反文案矦爲晉侯緡之後見元和姓纂嘉興統于吳郡見晉書地理志此侯氏墓塼爲謝氏匠人造作五年歲在乙卯非癸丑乃匠人誤紀者

晉元康塼長九寸四分厚一寸
三分文曰元康五年八月廿日
董助作側有丙[illegible]二字丙即
古文玉下一字似反文不可辨
上端有萬歲二字中皿文

晉元康塼長一尺五分厚一寸文曰元康五年九月七日施在基所作甓反文出武康施氏墓塼也施在基無攷

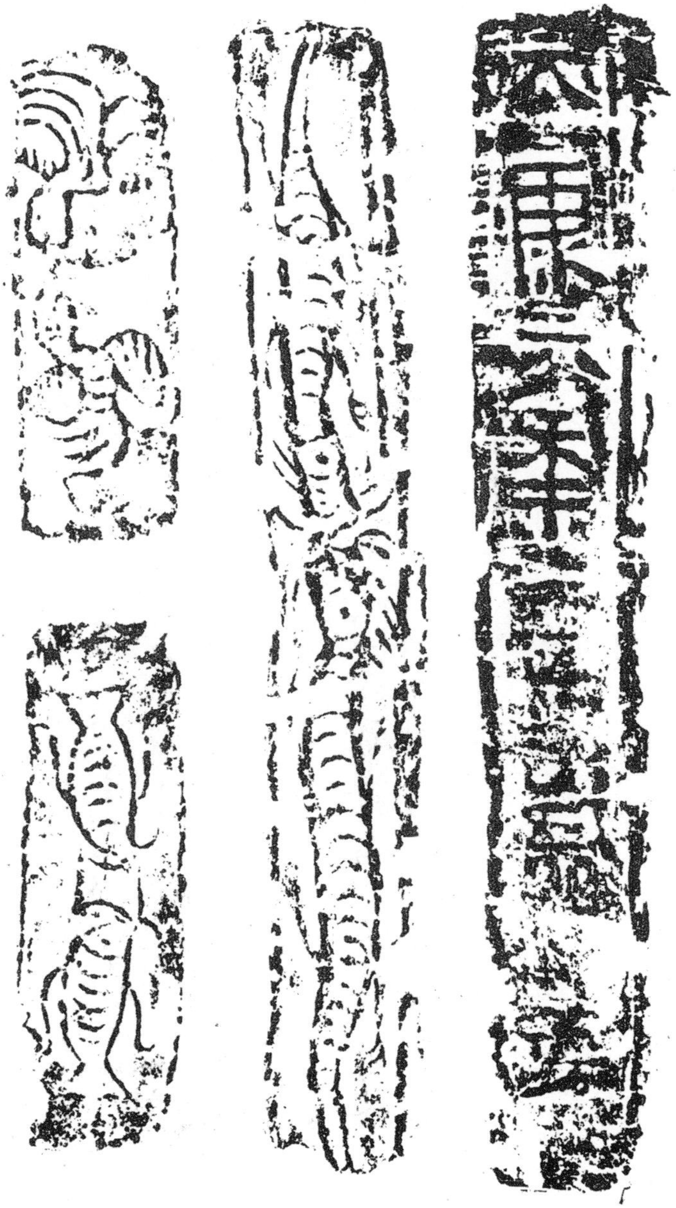

晋元康塼長一尺二分厚一寸五分左側文曰元康六年六月歲在辰年下五字已泐右側二龍形上端飛雀形下端魚形

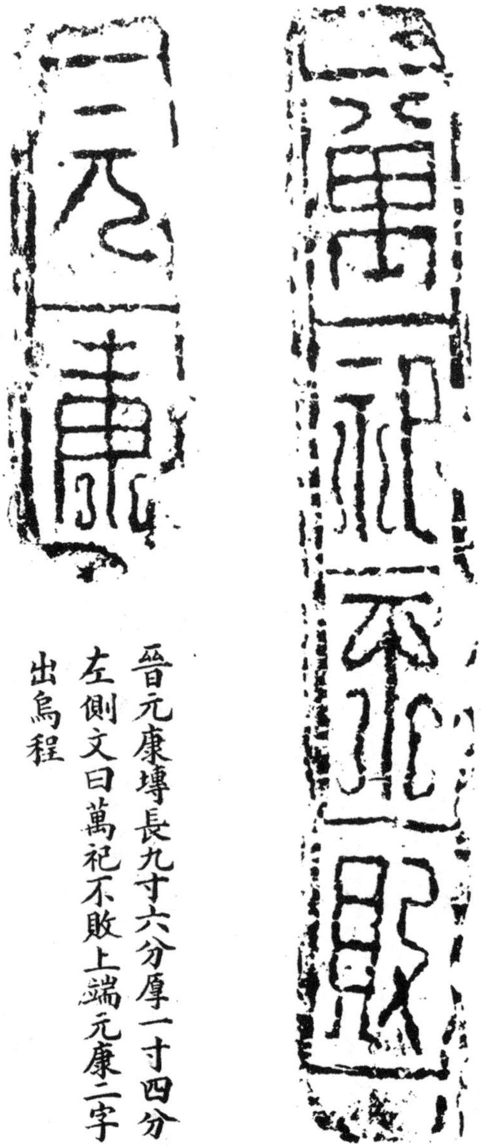

晉元康塼長九寸六分厚一寸四分
左側文曰萬祀不敗上端元康二字
出烏程

晋元康塼長一尺二寸五分厚二寸上下端同文曰元康六年施冢右側六格雙行斜文施氏墓塼也出長興

千甓亭古塼圖釋卷七

歸安陸心源剛甫輯

晉元康塼長一尺五分厚一寸五分左側文上截不可辨下李瑞立冢四字右側上截不可辨下李瑞作□冢冢上一字模糊皆反文其面文曰元康六年八月施家立功此當是李瑞之冢而爲施氏所營葬者

晉元康塼長一尺厚一寸二分文曰元康六年八月楊舒造出歸安楊氏墓塼也楊舒無攷

晉元康塼長一尺一分厚一寸五分文曰元康六年八月十日高綜冢子孫富貴十五字反文高氏墓塼也出長興高綜無攷

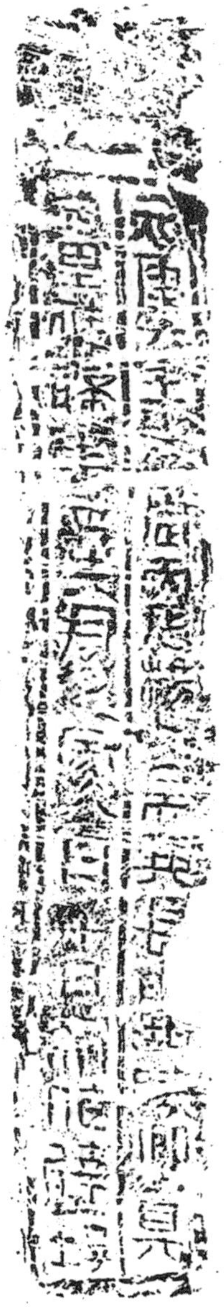

晉元康塼長一尺一寸八分厚一寸六分雙行文曰元康六年太歲丙辰楊州吳興長城湖陵鄉真定里眭睎年世先君之冢八月十日制作壁塼元康上一晉字獨大已半泐右側六格雙行斜文下端文曰施晞先君⊠冢男上端雙行文曰元康六年太歲丙辰施晞年世制作先君冢雙行中有五字上一字不可辨下八月十日案晉書地理志楊州統郡十八其七曰吳興吳興郡統縣十一其十曰長城即今長興縣境湖陵鄉真定里皆地名今無考塼即郭說文郭郭也施作眭乃變體年世是施晞之字蓋晞為父作冢塼也出長興凌霞案下端先君下⊠未詳下冢男疑冢男二字或晞乃長子也

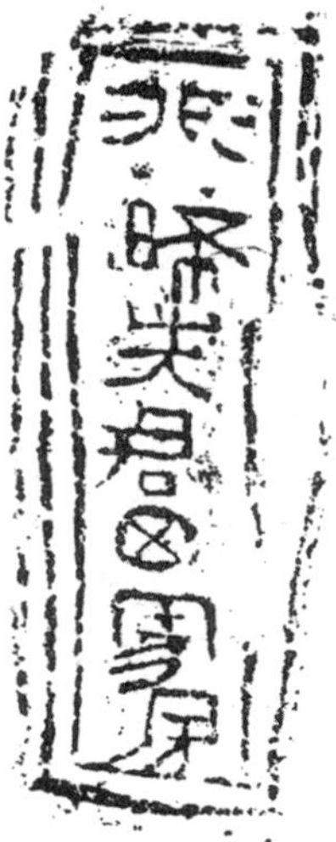

晉元康塼其尺寸文字及側悉同下端文亦同惟上端兩頭古泉
中間花紋元康上晉字甚顯

晉元康塼其尺寸文字及側上下端皆同上塼惟面有宣城
廣德施冢六字為獨異

晉元康塼長一尺厚一寸二分文曰元康六年八月廿日造下一字泐出武康

晉元康塼長一尺厚一寸七分文曰元康七年宋氏造篆文出武康宋氏墓塼也

晉元康塼長一尺五分厚一寸五分文曰
元康七年八月戊午朔以下不可辨上端
乂文据通鑑目錄推筭戊午當為七月
十日塼作八月朔乃匠氏誤也出烏程

晉元康塼長一尺厚一寸二分文曰晉元康七年八月丁丑茅山凡十一字晉字為一格元康一格七年八月一格丁丑茅山一格下端里施傳作四字上端兩格乂文案通鑑目錄九月辛巳朔則丁丑當為八月二十五六日非朔矣茅山一在句容一在烏程縣南四十里塼出烏程必烏程之茅山也

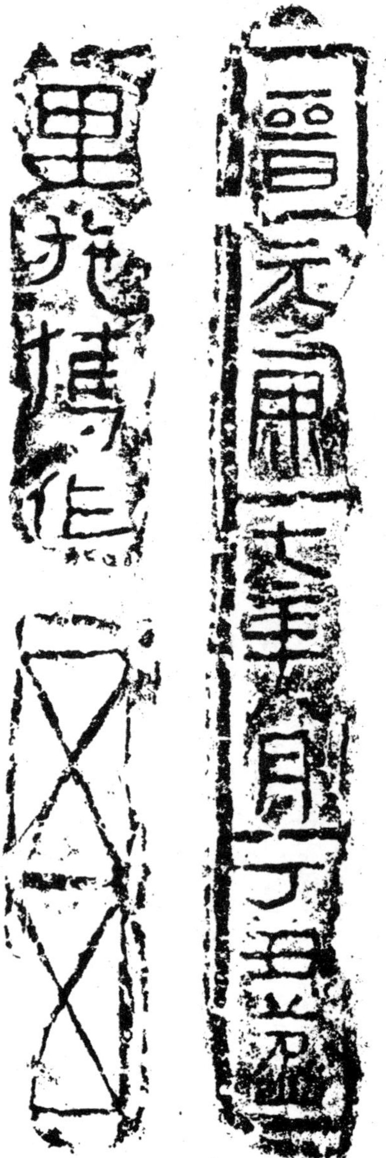

晉元康塼其文字及上端乂文與上塼同惟較長一寸因並存之

晉元康塼長一尺一寸七分厚一寸六分上端雙行文曰晉元康七年、八月丁丑茅山里施傳所作左側窗文隸書瘦勁似曹全碑塼質堅細以白沙爲坯出烏程菁山其地與茅山相連也

晉元康塼與上塼文字悉同蓋出一范因已琢而為硯有張叔未解元勒銘更為可貴特並存之

晉元康塼長五寸一分厚一寸二分文曰元康七年下斷上端有胡字俱反文胡字下不可辨出烏程

晉元康塼長五寸五分厚一寸三分左側文曰元康年九月下斷右側字不可辨上端米文下有永卿二字反文案通志畧引姓苑有永姓此永氏墓塼也出烏程

晉元康塼長五寸厚一寸三分文曰
元康八年太歲六字下斷出烏程

晉元康塼長九寸一分厚一寸三分
文曰晉元康八年所作壁反文上
端窗文出烏程淩霞案元康上之亞與元康元年所作壁同

晉元康塼長一尺四分厚一寸二分左側萬歲不敗四字下端萬歲二字皆篆書上端隸書文曰元康八年六月孤子宣案孟子幼而無父曰孤禮記鄭注三十以上無父稱孤宣者當是人名爲其父作塼故稱孤子出烏程

晋元康塼長一尺厚一寸四分文曰元康八年𠂤上端萬歲皆一字一格𠂤氏墓塼也出烏程康作亩八作[illegible]年作丰萬下从口皆變體

晉元康塼長一尺厚一寸四分文曰元康
八年色上端萬年同是色氏墓塼而上
端文異八字作八萬下从冂

晉元康塼長七寸一分厚一寸四分左側文曰元康八年七反文下斷右側乂文兩格下有半字似徐之反文出烏程

晉元康塼長九寸厚一寸二分文曰元康八年八月六日作反文出烏程

晉元康塼長九寸六分厚一寸四分
文曰同元康八年八月廿六日王頭作
上端古乂十文王作丙出烏程王氏墓
塼也元康上同字未詳

晉元康塼長九寸厚一寸三分文曰元康八年太歲壬午八月俞辰作下端萬世無朽四字案俞氏不知所始元和姓纂所引以後趙劉聰中常侍俞容爲最先此塼實在俞容之前元和姓纂别有俞姓讀若細注云吴興漢有俞東今無此姓或即俞之壞字未可知也淩霞案劉聰非後趙乃十六國之漢此姓纂之誤

晉元康塼長一尺厚一寸六分
上端元康二字左側上錠文下
雲鵠二字反文一字一格出烏程
雲鵠字與永熙元年塼相似

晉元康塼長一尺五分厚一寸五分
左側文曰元康九年吳下一字泐
右側錢文米文下端泉文出武康
吳氏墓塼也

晉元康塼長一尺厚一寸四分文曰
元康九年下⧖文下端亦⧖文
出武康

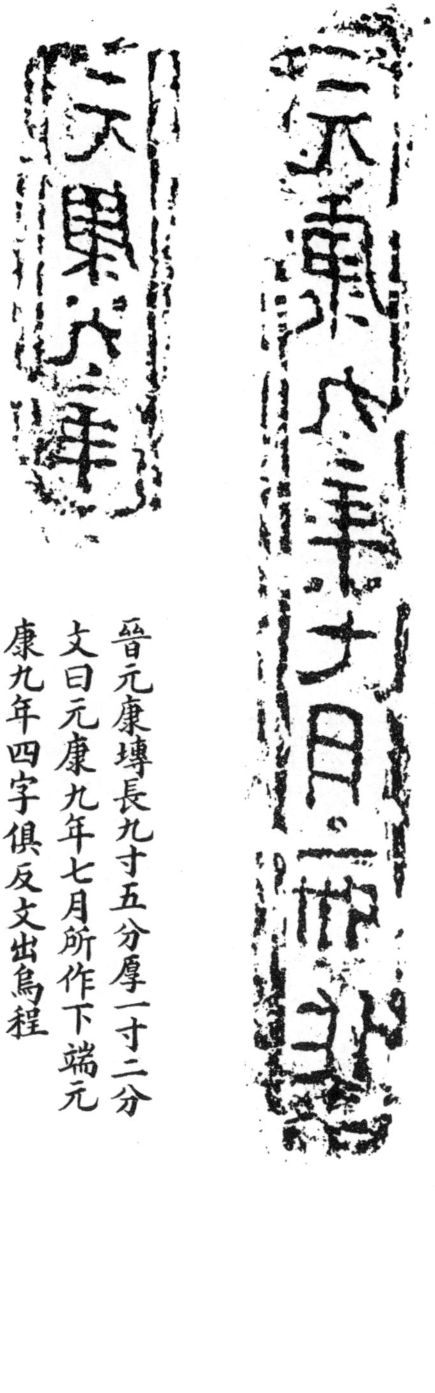

晋元康塼長九寸五分厚一寸二分文曰元康九年七月所作下端元康九年四字俱反文出烏程

晉元康塼長九寸五分厚一寸二分
上端元康九年七月十日八字月字
與十日分為雙行左側古篆間以
乂文出武康

晉元康塼長九寸厚九分上端文曰元康九年七月十日月字與十日列為雙行左側古篆花紋可辨者一平字出烏程

晉元康塼長八寸二分厚一寸四分文曰元康九年七月廿日下斷康九二字反文上端文曰姪千萬宜子下一字泐千子二字反文案說文姪兄之女也釋名姑謂兄弟之女為姪儀禮謂吾姑者吾謂之姪至晉世始有叔姪之稱見顏氏家訓塼制于元康年已以姪與子對舉足為顏氏家訓之證

晉元康塼長九寸八分厚一寸四分
上端文曰元康九年八月左側萬歲
不敗歲字月字皆殘缺出武康

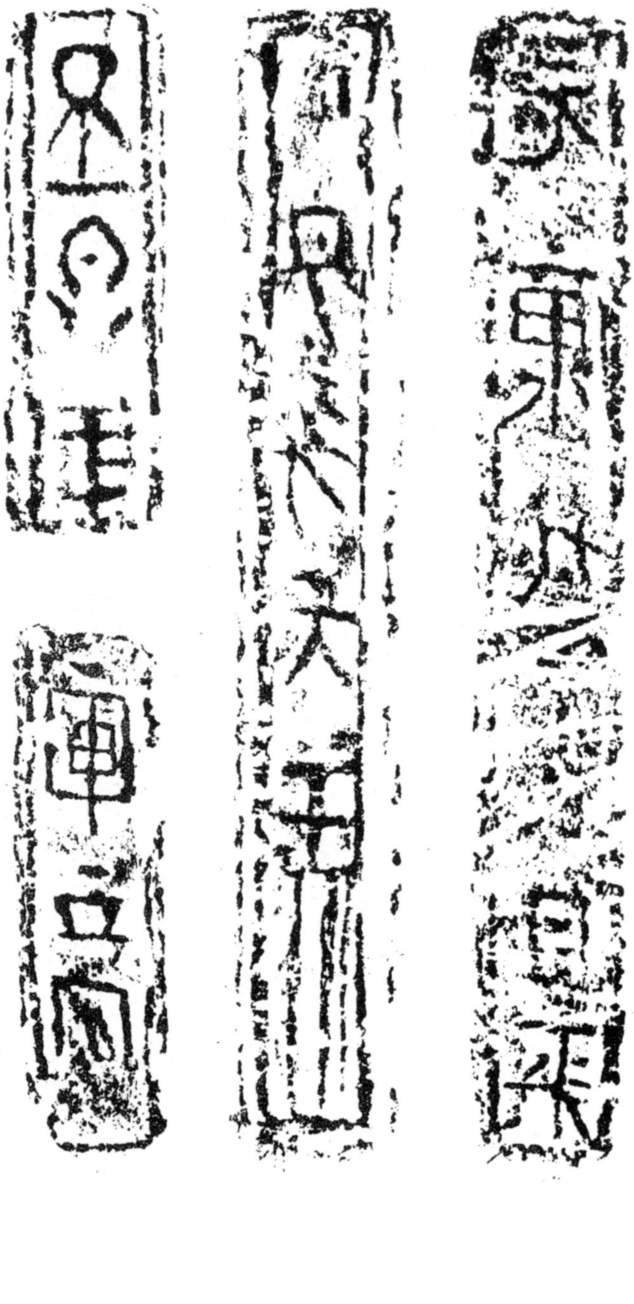

晉元康塼長一尺五分厚一寸四分左側文曰元康九年八月張年八二字已泐元康九三字反文右側古篆不可識上下端其一似丕口年三字中一字不可辨其一似軍立冢三字軍或人名也

晉元康塼長一尺五分厚一寸四分文曰元康九年八月十日歲在午下端菁里錢冢四字上端乂文案元康九年歲己未八年乃在午匠人誤書也菁里或即菁山地名

晉元康塼長一尺一寸厚一寸八分文曰康九年八月十日作壁反

文出武康

晉元康塼長一尺一寸厚一寸六分文曰元康九年九月星氏作出武康

案星氏不知所自始漢有星重齊北人南陽太守羊續娶其女見廣韻引羊氏家傳

晉元康塼長九寸五分厚一寸三分文曰元康九年九月六日施黃作反文出武康施氏墓塼也施黃無攷

晉元康塼長一尺一寸厚一寸五分文曰元康九年十月作凡七字
出武康

千甓亭古塼圖釋卷八

歸安陸心源剛甫輯

晉永康塼長一尺五分厚一寸五分文曰永康元年歲在戊申吳作上下端皆花紋出烏程吳氏墓塼也案永康為晉惠帝第四改元元年歲在庚申作戊申者匠人之誤永作丌

晉永康塼長六寸二分厚一寸五分文曰永康元年反文下泐出烏程

晉永康塼長九寸六分厚一寸二分文曰亞永康元年所作壁反文上端斜格文出烏程淩霞案亞似亞之省文與元康元年八年所作壁同

晉永康塼長九寸七分厚一寸二分文曰永康元年太歲在庚申所作下端屠承所作俱反文太歲及屠字皆殘泐案屠氏不知所始風俗通漢有屠景先河東人屠承無攷[illegible]烏程

晉永康塼與前塼同惟太歲及
眉字全因並存之

晉永康塼長八寸三分厚一寸五分左側文曰永康元年一字一格下有人形右側二龍形出武康

晋永康塼長一尺一寸厚一寸五分左側直格書窗文下端文曰永康元年康作二康有類乎魯峻碑四月庚子之庚字

晋永康塼長一尺五分厚一寸五分
左側上截古泉文下截文曰永康元
年反文下端古泉文出武康

晉永康塼長一尺三分厚一寸三分文曰
永康元年七月歲在庚申下端朱口作
三字朱下一字不可辨朱氏墓塼也出
烏程

晉永康塼長一尺厚一寸二分文曰
永康元年七月辛未朔口二吳里
反文右側似陰文不可辨上端錠
文案通鑑目錄六月庚寅朔則七
月當是辛酉朔今作辛未蓋誤吳
里人名

晉永康塼長一尺一寸厚一寸八分文曰
永康元年七月卅日陳希上端兩頭
書窗中間星文出長興 淩霞案陳希當是陳布

晉永康塼長一尺厚一寸三分文曰永康元年太歲在申八月聶祚作反文出烏程聶氏墓塼也案通志氏族畧衛大夫食采于聶因氏焉吳志有將軍聶友

晉永康塼長一尺八分厚一寸三分文曰
永康元年八月丁巳朔以下不可辨月
字上有一格上端古泉文案通鑑目
錄是年八月己丑朔應二年正月方
是丁巳朔或通鑑有誤

晉永康塼長一尺厚一寸五分文曰永康元年八月載凡七字反文出武康案風俗通載姬姓之後元和姓纂周有載國漢有載戴此載氏墓塼也

晉永康塼長一尺一分厚一寸四分文曰永康元年集興管仙八月一日作出烏程管氏墓塼也興作舉管仙無攷淩霞案集興或是地名

晉永康塼長九寸八分厚一寸六分左側文曰永康元年八月十一日張右側俞張菰下人皆反文出烏程此俞氏墓塼張即其名菰下者案太平寰宇記春申君黃歇於吳墟西南立菰城縣湖州府志下菰城在府城南二十五里

晉永康塼長一尺厚一寸三分文曰永康元年八月廿日□□□世十二字
反文世上三字不可辨出烏程

晉永康塼長一尺厚一寸五分文曰
永康元年太歲在庚申九上端文
曰月楊元造此楊氏墓塼出武康
上端已半泐康作𢊁大歲反文

晋永康塼長一尺厚一寸五分文曰
永康元年十月二日邊光作上端綦
王二字出烏程此邊氏墓塼也

晉永寗塼長七寸厚一寸五分
文曰永寍元秊太歲辛酉字
半泐下斷出長興案永寗爲晉
惠帝第五改元

晉永寗塼長六寸厚一寸五分
文曰永寍元年四字下斷年字
半泐出烏程

晉永甯塼長一尺一分厚一寸三分文曰永寍元年孝子典南兩字一格上端㲾文出烏程案典姓不知所自始魏有典韋典作𠕋

晉永寧塼長一尺四分厚一寸三分
文曰永寍元年太歲在辛酉潘氏
作下端萬歲永封四字永作𣱵此
潘氏墓塼出烏程

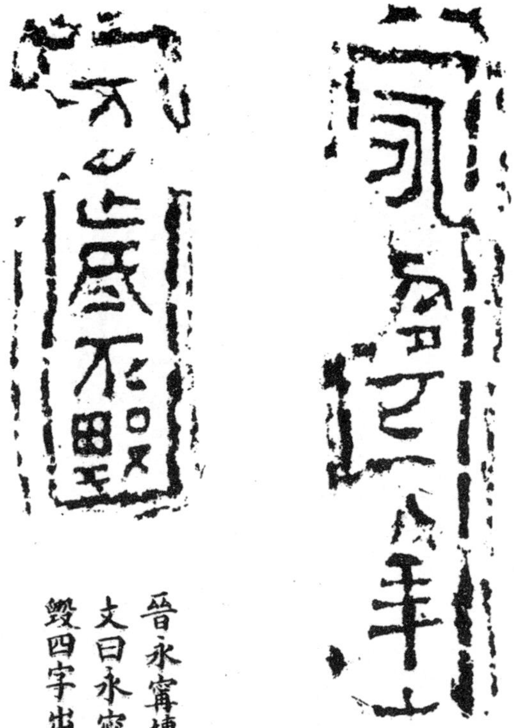

晉永寗塼長六寸五分厚一寸六分
文曰永寍元年下斷上端萬歲不
毁四字出武康不毁猶不敗也

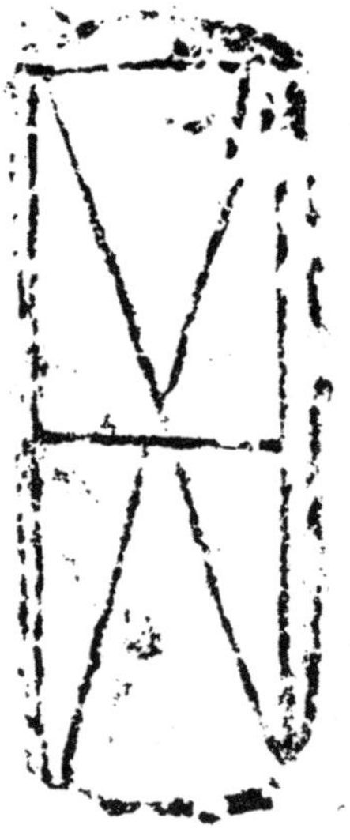

晉永寗塼長四寸六分厚一寸三分文曰永寗元三字一字一格

上端米文出烏程永作兂寍作寧

晉永寍塼長一尺厚一寸六分文曰永寍元年歲在辛酉蔡作上下端書窗文出烏程蔡氏墓塼也寍作寍

晉永寗塼長一尺厚一寸五分文曰永寍元年歲在辛酉尉氏造出長興尉氏墓塼也案尉爲鄭大夫尉翩之後見元和姓纂造作造

晉永寗塼長一尺厚一寸二分文曰永寍元年太歲在乙酉案永寍元年太歲在辛酉作乙酉者匠人之誤出烏程

晉永寧塼長一尺一分厚一寸五分左側文曰永寍元年李瑞作大冢右側永寍元年李瑞立冢皆反文作字冢字半泐李氏墓塼也出長興

晉永寧塼長一尺厚一寸四分文曰
永寍元年一字一格反文上端古泉
文出烏程

晉永寍塼長一尺厚一寸四分上端文曰永寍元年下端一丁字左側似萬歲不敗四字出長興丁氏墓塼也

晉永寗塼長一尺五分厚一寸六分文曰永寍元年吳興東遷下端楊長所作四字出烏程案晉書地理志吳興郡統縣十一其五曰東遷在今烏程歸安兩縣境楊長無攷

晉永寗塼長一尺一寸厚一寸六分文曰永寍元年七月十六日莫奉作反文上下端皆米文出長興莫氏墓塼也

晉永寕塼長一尺九分厚二寸
文曰永寍元年七月十八日作下
端太歲在辛酉出烏程

晉永寧塼尺寸文字與上塼同而字形小異因並存之

晉永寧塼長一尺厚二寸文曰永寧元年七月廿六日作一字一格作字已泐上端文曰萬年不敗向尚治作雙行一字一格出長興卞山向氏墓塼也案向為宋向戌之後尚治無考今長興尚多向氏殆其後裔歟

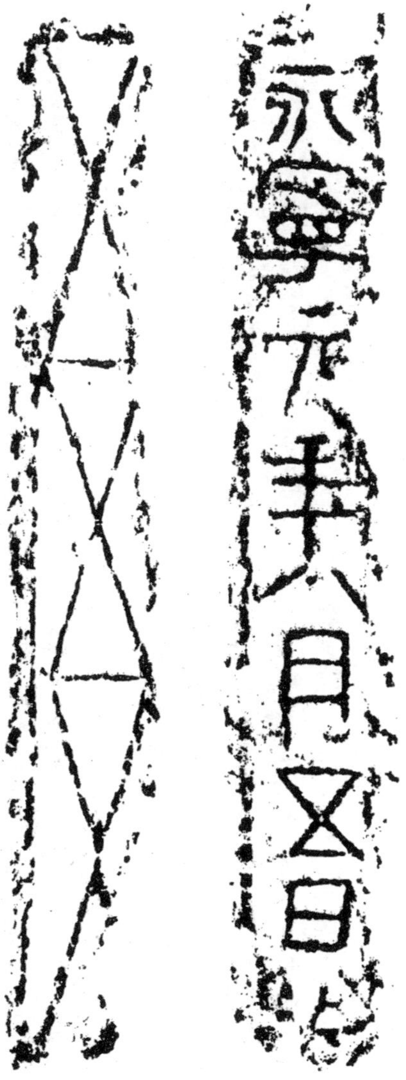

晋永寧塼長九寸七分厚一寸三分文曰永寍元年八月五日作
作字半泐左側及上端皆乂文出烏程

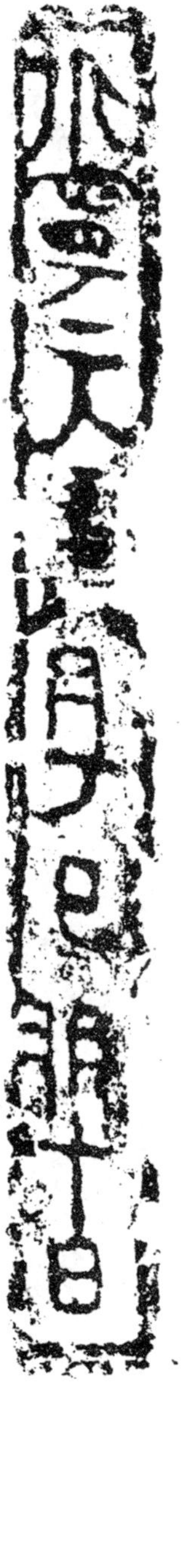

晉永寧塼長一尺八分厚一寸三分文曰永寍元年八月丁巳朔十日上端古泉文案通鑑目錄永寍元年八月癸丑朔丁巳乃八月五日此匠者之誤

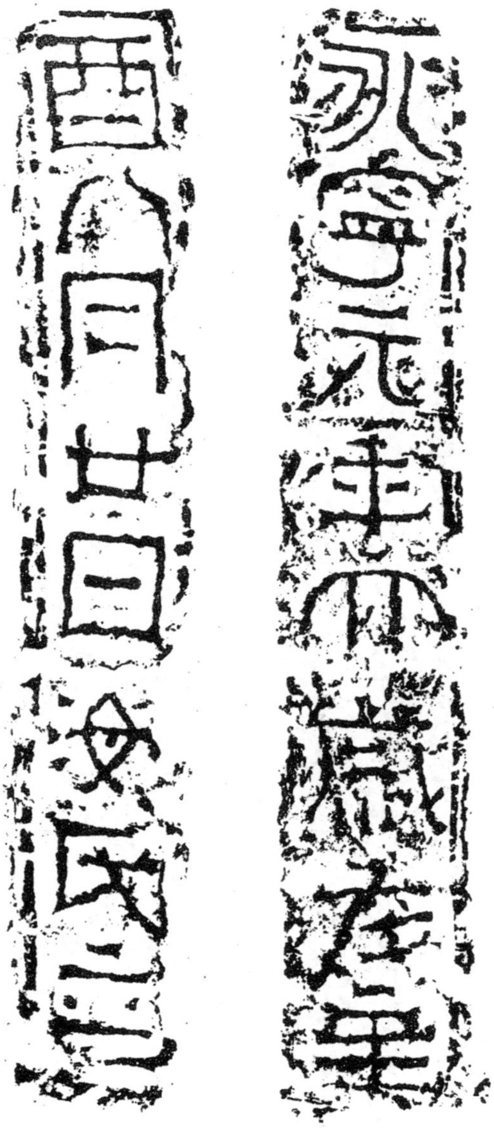

晉永寍塼長一尺厚一寸六分左側文曰永寍元年太歲在辛右側文曰酉八月廿日汝氏立上端書窗古泉文下端☒文出長興汝氏墓塼也案汝氏爲汝鳩汝方之後望穎川見元和姓纂

晉永寧塼尺寸文字與前塼同
因字形小異特並存之

晉永甯塼長一尺七分厚一寸四分文曰永寍元年八月廿六日永里□□下二字不可辨案漢有永縣見漢書郡國志烏程下注引吳興記晉書無此名想其時已廢塼出烏程西北鄉永里或即永縣舊址歟

千甓亭古塼圖釋卷九

歸安陸心源剛甫輯

晉永寧塼長五寸厚一寸四分文曰永寍二年下斷出烏程

晉永寧塼與上斷塼同而字形小異因並存之

晉永寗塼長五寸五分厚一寸六分文曰永寍二年下斷出長興

晉永寗塼長五寸五寸厚一寸五分文曰永寍二年太一字一格下斷出烏程

晋永寗塼長一尺厚一寸三分文曰永寍二年太歲在壬戌凡九字反文出烏程

晉永寗塼長一尺一寸二分厚一寸六分文曰永寍二年太歲在壬戌七月下端文曰戊寅朔徐作案戊寅朔與通鑑目録合此徐氏墓塼出烏程

晉永寗塼長一尺一分厚一寸二分文曰永寍二年七月戊寅朔廿四日作
下汭出烏程永寍二字反文

晉永寗塼長五寸七分厚一寸三分上端文曰永寍二年八月作功
左側萬歲二字出烏程

晉永寗塼長一尺二分厚一寸四分
文曰永寍二年八月作反文上端書
寗文寍作亭

晉永寗塼長一尺厚一寸四分文曰永寍二年八月乙丑朔廿日俞冢凡十三字反文右側有魚鱗文据通鑑目錄推算是年八月當爲丁未朔作乙丑乃匠者之誤此俞氏墓塼出烏程

晉太安塼長八寸厚一寸四分
文曰太安元年七月廿四日作
下端兩格ㄨ文案晉惠帝第
六紀元曰太安然改于永寍二
年十二月此塼作于七月即稱
太安不知何故出烏程

晉太安塼長九寸七分厚一寸三分
文曰太安二年太歲在亥作凡九字
反文上端兩格乂文出烏程

晉太安塼長五寸三分厚一寸六分上端文曰大安二年七月書法奇肆
右側古篆上格一字磨滅不可辨下格作[illegible]出烏程

晉太安塼長九寸七分厚一寸三分文曰晉
太安二年歲在癸亥施氏貴上端文曰壽
宜孫𡿺亥作𡿺即古子字與古文四聲
韻所引古老子之[?]字相似此施氏墓塼
出烏程

晉太安塼與上塼文字相同約長徑寸下端有古泉文與上塼較異因並存之

晉太安塼長九寸七分厚一寸四分文曰大安二年大歲在丙子十月八日
案太安二年歲在癸亥作丙子者匠者之誤十作ナ

晉永安塼長一尺九分厚一寸四分文曰永安元年七月十一上端有八分二字反文案永安爲晉惠帝第七改元是年七月即改建武民間未知也出烏程永字殘安作宊

晉永安塼長一尺五分厚一寸四分文曰永安二年歲在乙丑八月廿日造功反文上端書窗文案永安元年七月即改建武十一月復稱永安十二月又改永興則乙丑是永興二年時值亂世中原隔絕民未盡知也出烏程

晉永興塼長六寸厚一寸三分文曰永興二年永字已殘泐下有錠文出烏程

晉永興塼長三寸三分厚一寸四分文曰永興二上端盛冢二字出烏程案永興為晉惠帝第九改元也

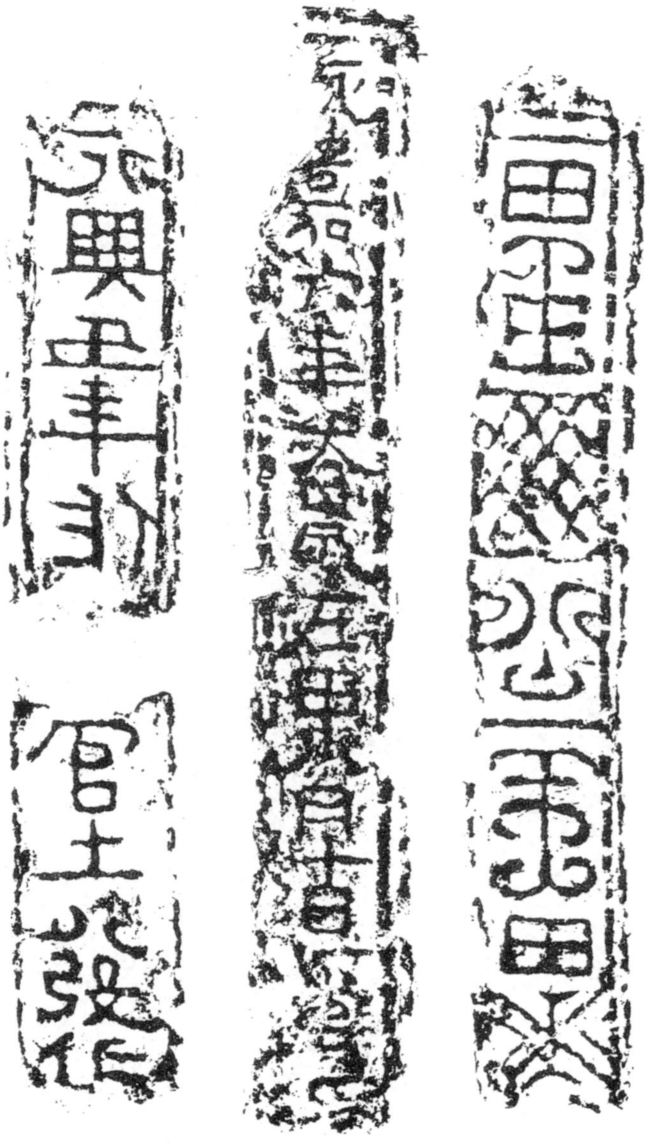

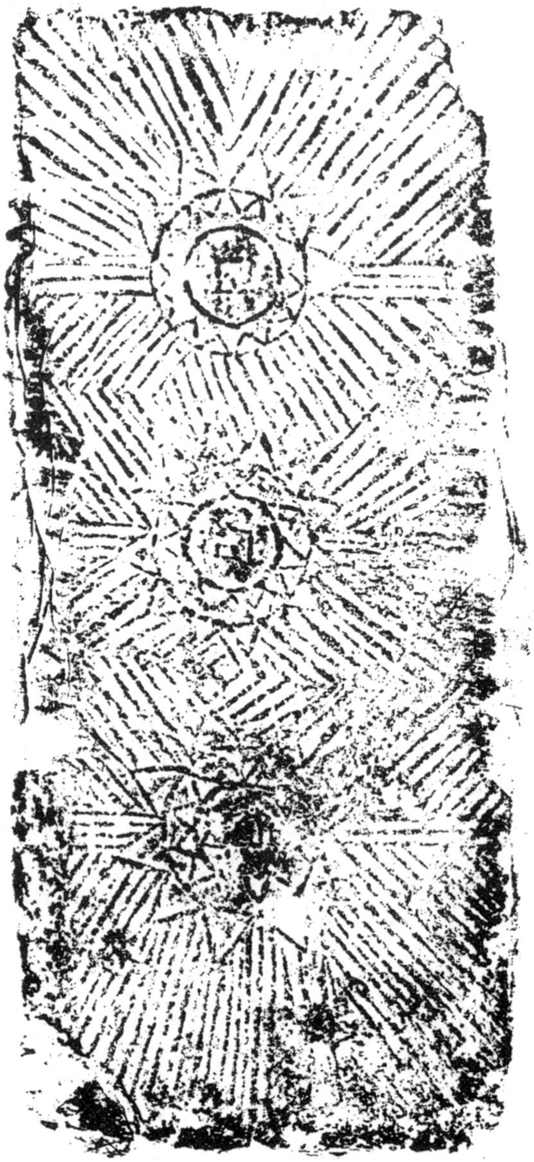

晉永興塼長一尺三分厚一寸五分上端文曰永興丑年作反文下端管土發作
管字上泐左側窗文間以古篆右側文曰永嘉六年太歲在申八月十日以下不
可辨面有泉文三出烏程案永嘉爲晉懷帝紀年在永興後蓋匠人誤合二
范爲一管土發人名無攷丑年者二年也不紀元而紀干支此爲創見

晉永興塼長一尺二分厚一寸五分文曰永興二年九月庚寅朔三日壬子作反文出烏程案九月庚寅朔與通鑑目錄合壬子當為廿三日匠人誤脫廿字也

晉永興塼長四寸七分厚一寸五分文曰永興三年下斷古泉文出烏程

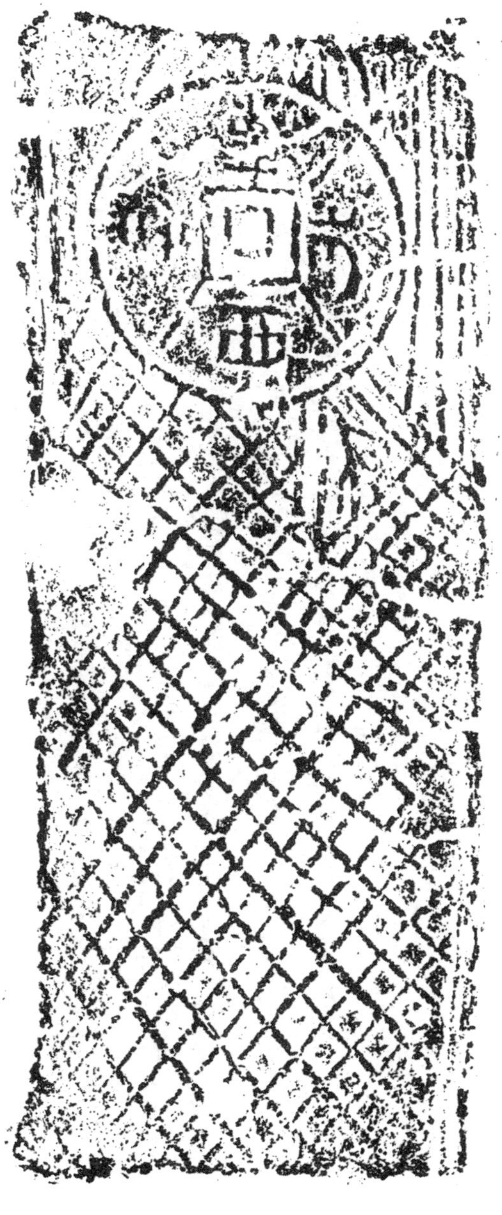

晉永興塼長一尺一寸五分厚一寸四分文曰永興三年作反文下端管賤字士同左側窗文間以古篆面作斜方格文上有大錢文曰東西南北出烏程管氏墓塼也管賤無攷

晉永興塼長一尺二寸五分厚一寸五分文曰永興三年閏月甲申朔廿日
出武康案通鑑目錄是年閏八月甲申朔與之合然六月已改光熙矣

晉永興塼長一尺二寸四分厚一寸六分文曰永興三年潤月廿日作下端歲在壬寅出武康案是年歲在丙寅作壬寅匠者之誤潤字在宇反文閏作潤同聲通借也

晉光熙塼長四寸四分厚一寸一分文曰光熙元年下斷上端斜方格文
案光熙爲晉惠帝第十改元出烏程

晉光熙塼長四寸六分厚一寸三分文曰光熙元年下斷光字殘缺上端
雙鳥對飛形出長興

晉永嘉塼長六寸四分厚一寸
二分文曰永嘉元年太歲在下斷
右側古篆甾文亦斷上端管土發
作四字案永嘉為晉懷帝紀元
此塼與永興合范之塼同惟彼
為永嘉六年此為元年為異耳

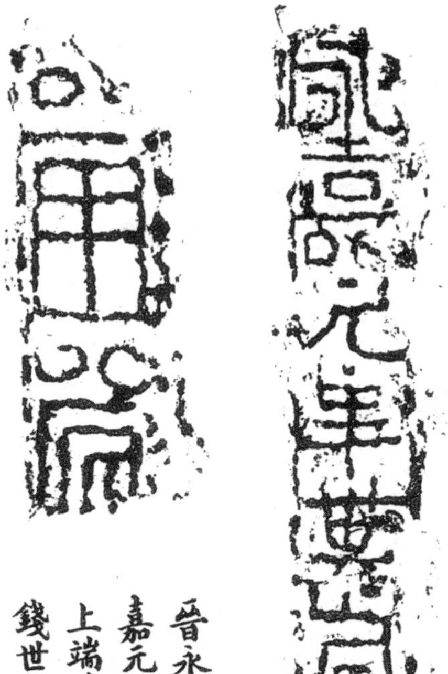

晉永嘉塼長一尺厚一寸二分文曰永
嘉元年其歲在丁卯錢世丁字已泐
上端萬歲二字出烏程錢氏墓塼也
錢世無攷

晋永嘉塼長一尺厚一寸四分上端文曰永嘉元年左側文曰太歲在丁卯太陰在乙丑壬子下端龍形出烏程毘山太歲太陰並紀晉世尚行也

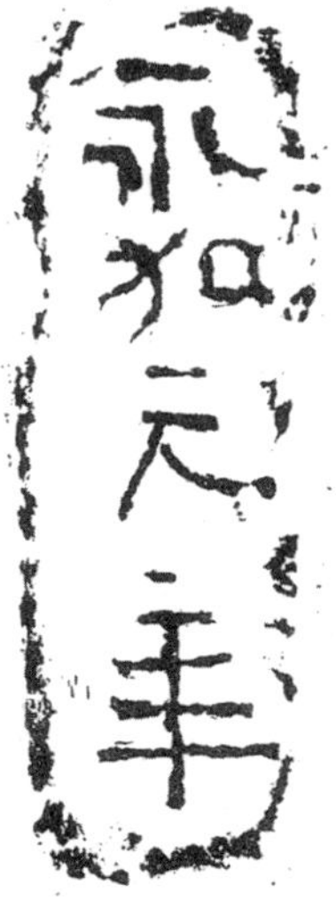

晉永嘉塼長九寸四分厚一寸三分上端永加元年下端朱安二字左側萬歲不敗四字朱氏墓塼也出烏程歲作□敗作□反文

晉永嘉塼長一尺厚一寸三分文曰
永加元年七月廿日立功左側龍形
上下端⧖文出烏程

晉永嘉塼長五寸五分厚一寸四分上端文曰永嘉元年左側文曰
歲在丁卯八下斷出烏程

晋永嘉塼長九寸七分厚一寸五分上端文曰永加元年左側文曰歲在丁卯八月一日己卯立功出烏程

晉永嘉塼長九寸七分厚一寸五分
左側文曰歲在丁卯八月一日己卯立
功下端番作作反文此與前塼同笵
而少永加元年四字多番作二字此
番氏墓塼出烏程

晉永嘉塼長八寸六分厚一寸二分文曰永嘉元八月一日下舍許望作下端世代相傳四字反文代字已泐左側⧖文元下脱年字下舍里名案漢有許頤故鄣人見嘉泰吳興志許望或其苗裔歟出烏程

晉永嘉塼長八寸八分厚一寸四分文曰永嘉元年八月十日凡八字出烏程永作朩與禾字相似

晉永嘉塼長九寸四分厚一寸三分左側文曰永嘉元年八月十日立功右側文曰吴興烏程俞道由兄弟下端文曰俞道初上端治作之三字面麻布紋有陰文行書俞道由作此五大字案晉書地理志吴興郡領縣十一其一曰烏程此蓋俞氏兄弟所造塼也惟右側反文

晉永嘉塼與上塼文字同而無塼面之字惟字迹較完善因並存之

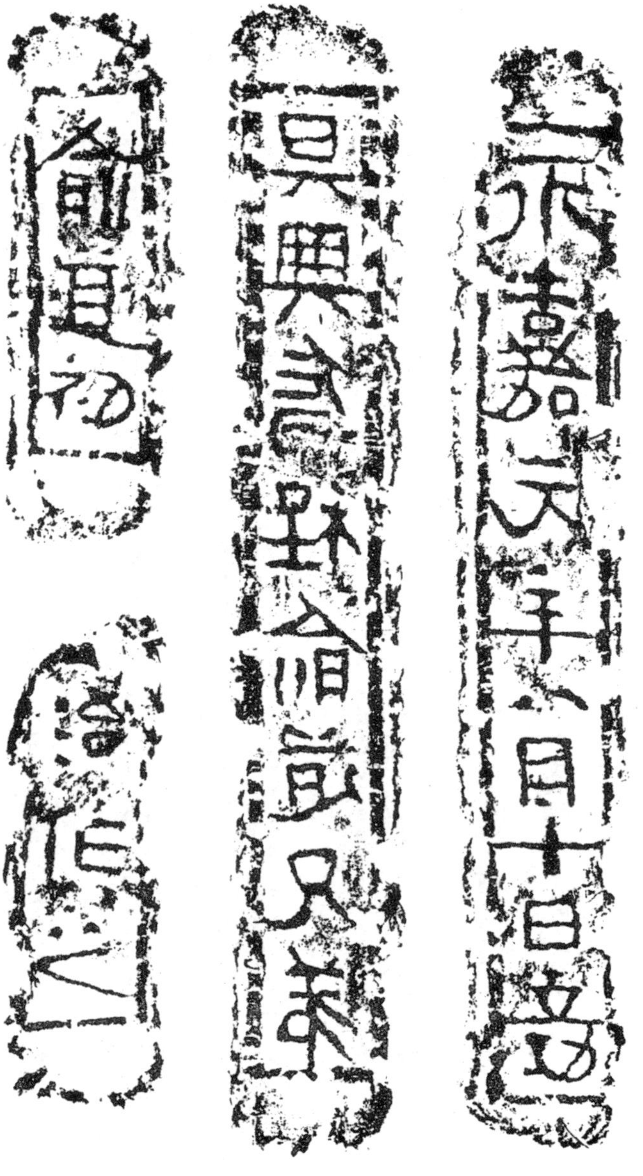

晉永嘉塼長九寸四分厚一寸三分文曰永嘉元年八月十日立功右側文曰吳興烏程俞道兄弟此八字反文上端俞道初下端治作之此塼與前塼文字同而脱一由字且字迹小異吳作呉程作程道作道皆俗體省文

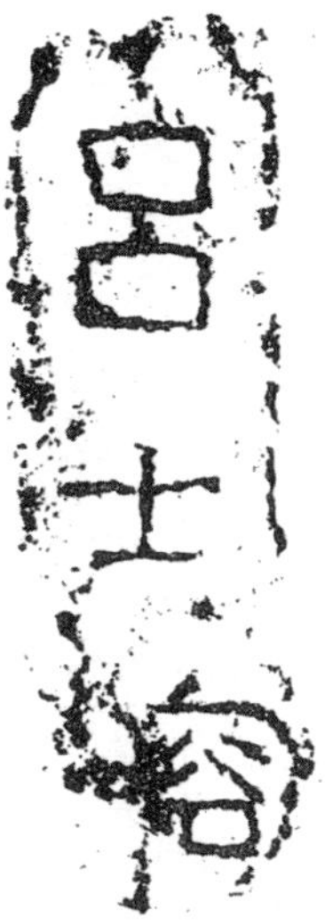

晉永嘉塼長一尺厚一寸三分文曰永嘉元年八月廿日造作上端呂士容三字呂氏墓塼也出烏程

千甓亭古塼圖釋卷十

歸安陸心源剛甫輯

晋永嘉塼長一尺厚一寸四分左側文曰永嘉元歲在丁卯九月一日造反文右側晋國司馬四字上端模糊不可辨下端書窗閒虎頭形出烏程案魏甘露三年封司馬昭為晋王加九錫晋國置官司馬景元四年詔大將軍府增司馬一人咸熙二年受魏禪後四十二年為永嘉元年或所葬之人曾官晋國司馬葬于吳興未可知也

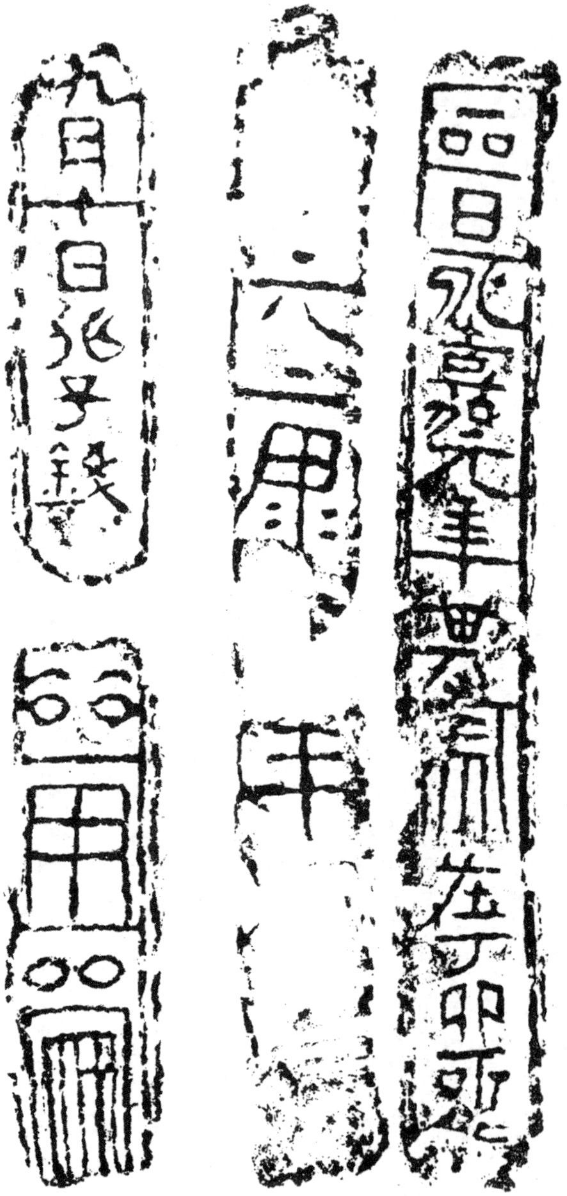

晋永嘉塼長一尺五分厚一寸四分左側文曰晋永嘉元年其歲在丁卯所作右側元康口年上端九月十日孤子錢下端萬歲二字出烏程此錢氏墓塼匠人誤合二笵為一也

晉永嘉塼長一尺二分厚一寸三分文曰永嘉二年吳文永嘉上泉文下端亦泉文出武康吳氏墓塼也

晉永嘉塼長七寸二分
厚一寸五分文曰永嘉
二年七月十五日作反文
出烏程

晉永嘉塼長七寸五分
厚一寸三分文曰永嘉
二年八月歲在反文下
斷出武康

晉永嘉塼長九寸四分厚一寸二分文曰永嘉二年八月卅日立功出烏程

晉永嘉塼長八寸三分厚一寸二分文曰永嘉二年八月卅日立功上端萬年二字

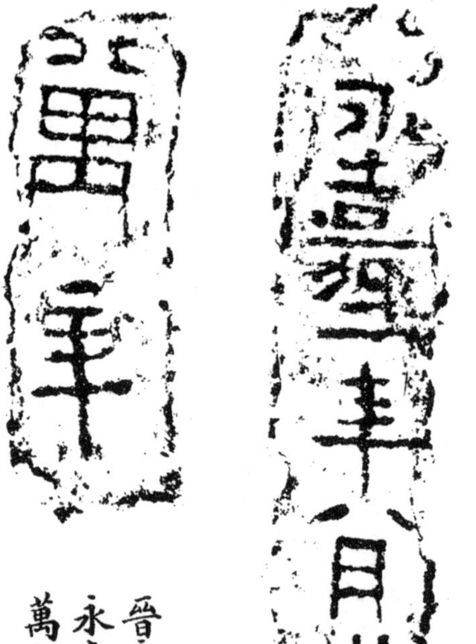

晉永嘉塼長九寸六分厚一寸三分文曰永嘉二年八月卅日立功夫上端文曰萬年出烏程

晉永嘉塼長一尺一寸厚一寸八分文曰永嘉二年太歲戊辰吳文上截及下端皆古泉文出武康年太文三字俱殘泐

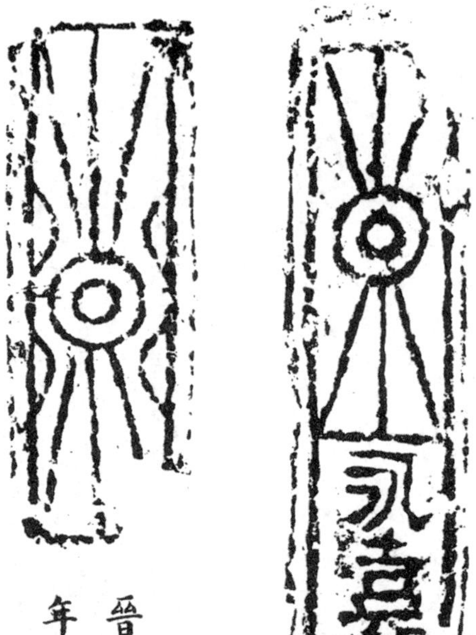

晉永嘉塼文字同前惟尺寸較短年字尚完因並存之

晉永嘉塼長一尺一分厚一寸五分文
曰永嘉二年太歲在戊辰八月廿日立
工上端兩頭有花泉文中水浪紋出烏程

晉永嘉塼長一尺厚一寸四分文曰永嘉二年九月錢烏制反文右
兩頭省文中錠文上端亦錠文出烏程錢氏墓塼也錢烏無考

晉永嘉塼文字與前塼同惟尺寸較短因並存之

晉永嘉塼長一尺一寸厚一寸四分文曰永嘉三年太歲在□□□□三日孫氏造出武康孫氏墓塼也在下四字已泐不可辨

晉永嘉塼長一尺厚一寸五分文曰永
嘉三年七月十五日作上端㐅文出武康

晉永嘉塼長一尺厚一寸四分文曰
萬歲永嘉三年上端萬歲二字出
武康歲作示

晉永嘉塼長六寸厚一寸
五分文曰永嘉三年反文
下斷年字已殘

晉永嘉塼長一尺一寸厚一寸八分文曰永嘉三年太歲在己巳
十五日作反文上下端皆乂文出長興

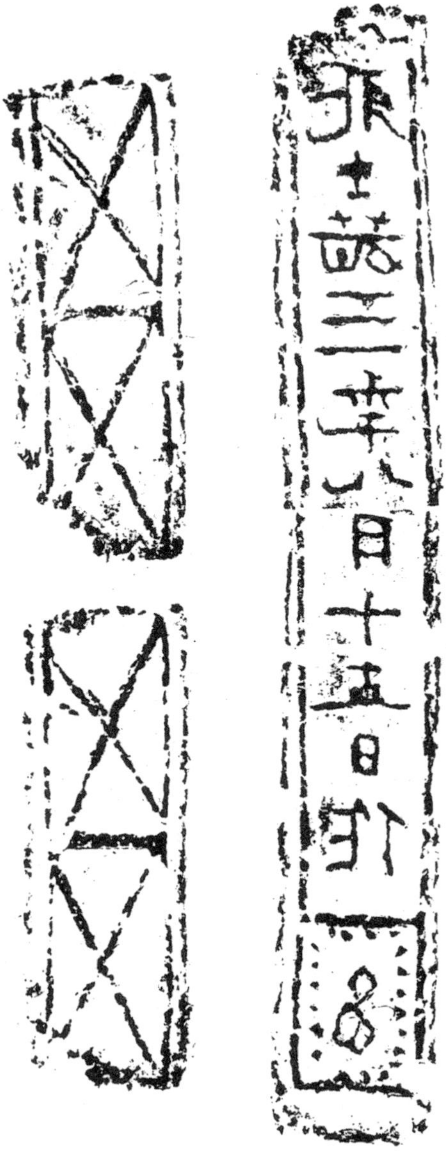

晉永嘉塼長一尺九分厚一寸四分文曰永嘉三年八月十五日作
反文下有花紋上下端皆乂文出烏程永作𠙺嘉作嘉

晋永嘉塼長八寸八分厚一寸一分
文曰永嘉三年八月廿四日下汭右
側口郡黄矦墓皆反文郡上一字不
可辨上端ㄨ文出烏程黄氏墓塼也
淩霞案郡字
疑臨字反文

晉永嘉塼長一尺一寸厚一寸七分文曰永嘉四年計氏作反文上下端皆古泉〻文出武康計氏墓塼也案武康有計籌山吳興記云越大夫計然嘗籌算于此山下有計村計姓甚多此蓋計然之後也

晉永嘉塼長一尺厚一寸五分左側文
曰永嘉四年作反文右側四格㐅文
上端錠文出武康

晉永嘉塼長九寸七分厚一寸三分
文曰永嘉六年七月卅日上端有王
字王氏墓塼也出烏程

晉永嘉塼長一尺厚一寸三分文曰永嘉七年六月廿一日上端石作二字下端宜子孫三字石字反文石氏墓塼也出烏程案永嘉七年四月懷帝被弑愍帝即位改元建興民間尚未知耳石氏爲衛大夫石碏之後

晉永嘉塼長九寸六分厚一寸四分文曰永嘉七年七月卅日作作字反文下端石作二字亦石氏墓塼出烏程

晉永嘉塼長八寸六分厚一寸五分文曰永嘉七年八月反文下斷一字一格出烏程

晉永嘉塼長九寸七分厚一寸二分文曰永嘉七年八月廿三日作出烏程

晉建興塼長八寸三分厚二寸左側文曰建興元年歲在甲戌貝里右側乂文上端書窗文案建興乃晉愍帝紀元也元年歲在癸酉二年方是甲戌此匠人誤會貝里當是地名無攷出武康

晉建興塼長五寸五分厚一寸二分文曰建興元年八月七下斷出烏程

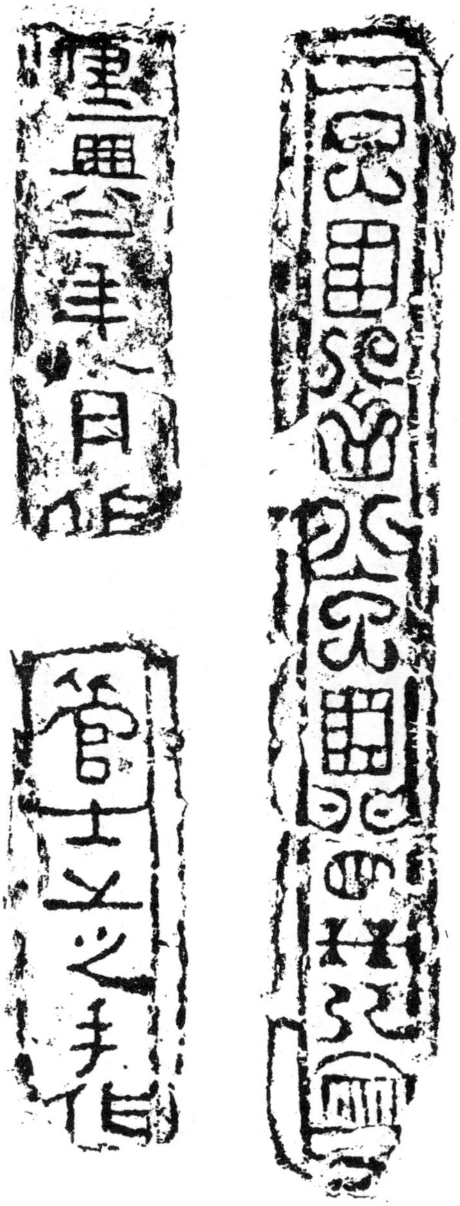

晉建興塼長一尺一寸五分厚一寸五分上端文曰建興二年八月作下端文曰管士芝手作左側古篆花紋管士芝無攷出烏程

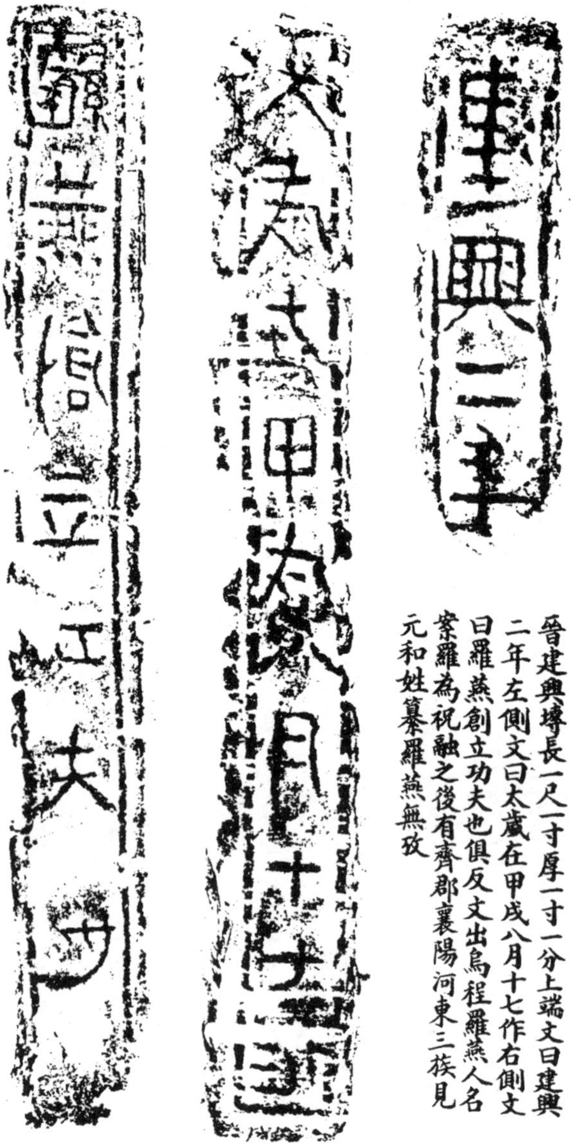

晉建興塼長一尺一寸厚一寸一分上端文曰建興二年左側文曰太歲在甲戌八月十七作右側文曰羅燕創立功夫也俱反文出烏程羅燕人名案羅爲祝融之後有齊郡襄陽河東三族見元和姓纂羅燕無攷

晉建興塼與前塼文字相同約長一寸因並存之

晋建興塼長一尺厚一寸八分文曰建興三年八月作上端㐅文出烏程

晉建興塼長一尺厚一寸五分文曰建興三年太歲乙亥吳興東遷胡將軍造出烏程之西余山胡氏墓塼也胡將軍無攷興作興又作興亥作亥胡作胡將作將又一范文字同歲乙亥吳四字已殘惟長五分因並存之

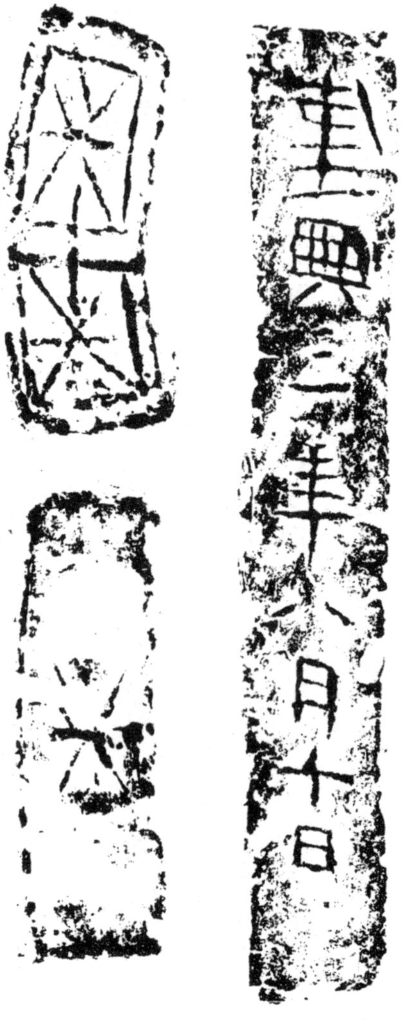

晉建興塼長八寸八分厚一寸三分文曰建興三年八月十日下一字泐
上下端米文建字反文興作典 出烏程

晉建興塼長一尺二分厚一寸四分文曰建興三年八月十日立作右側三格
上二格直文下一格加乂文出烏程

晉建興塼長一尺七分厚一寸五分文曰建興三年太歲在乙亥下端八月十五日作在字反文亥作来

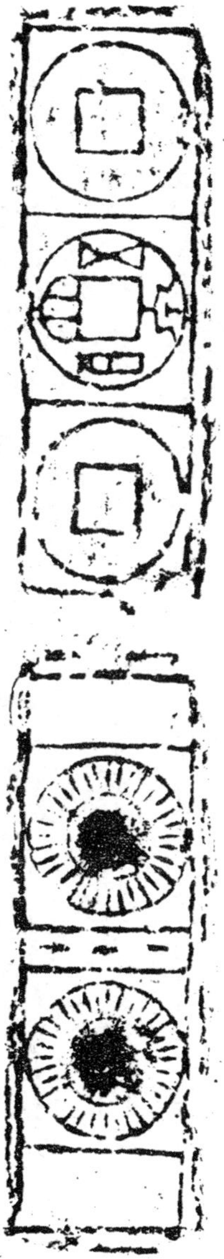

晉建興塼長一尺七分厚一寸六分文曰建興三年太歲在乙亥孫氏造上端三泉文中一泉曰大泉五百下端兩門釘形案吳大帝嘉禾五年始制大泉五百後又制大泉當千魏晉之際可知俱尚大泉也此孫氏墓塼出長興

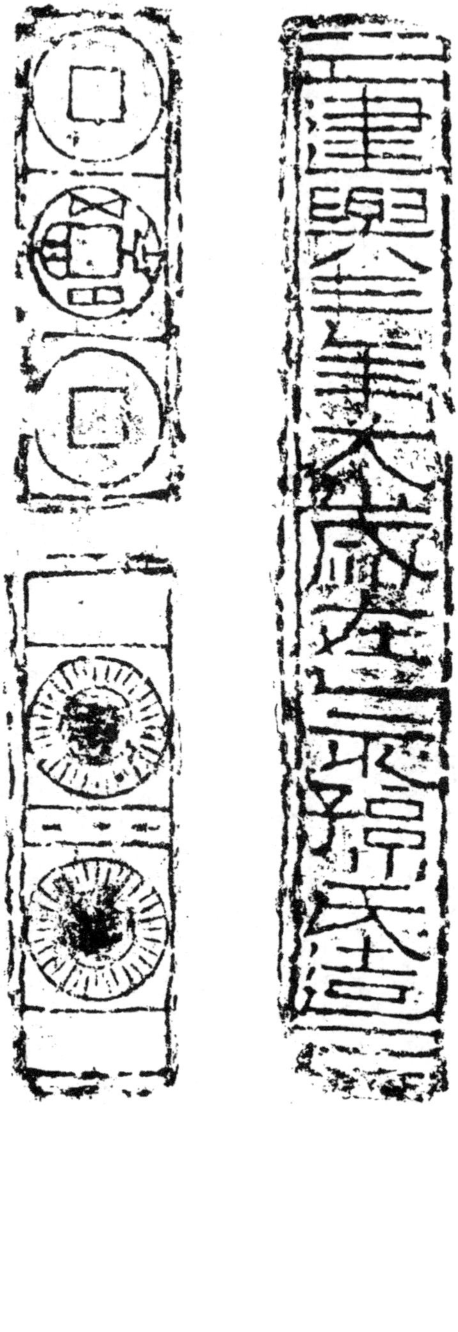

晉建興塼與前塼尺寸文字皆同惟上端泉文大泉五百之百字竟作日省文可異因並存之

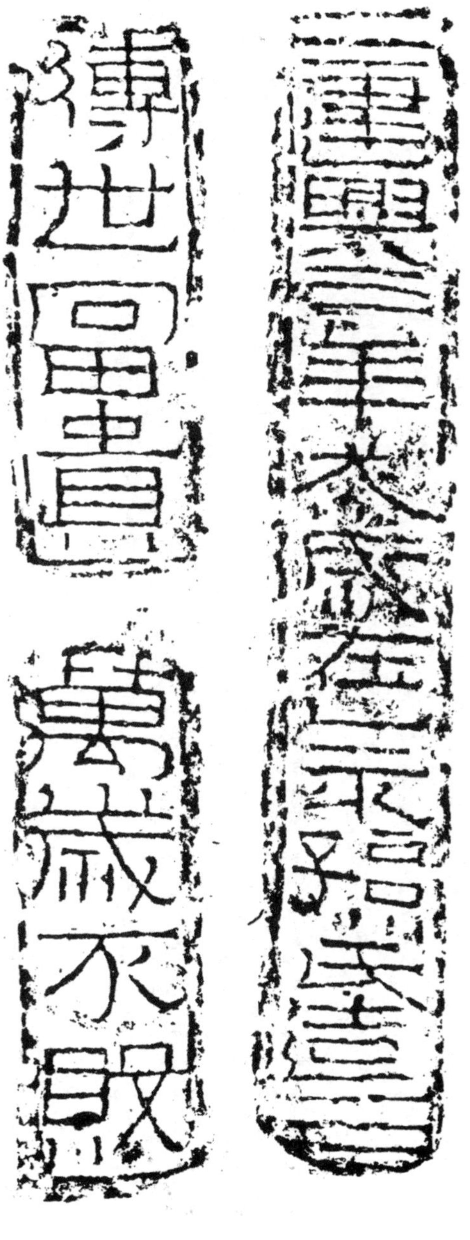

晉建興塼長一尺七分厚一寸六分文曰建興三年太歲在乙亥孫氏造上端文曰萬歲不敗下端文曰傳世富貴出長興亦孫氏墓塼也傳作傳富作畱不作不

晉建興塼長一尺七分厚一寸六分文曰八月壬戌朔廿日辛巳孫氏作上端文曰永未英下端文曰可久長此塼無年號然與上二種同係孫氏所造且同出長興李家巷皆孫氏墓塼故亦屬建興英即央之借字凡此三塼其字迹皆方整可喜頗有碑意

晉建興塼長五寸厚一寸四分
文曰建興三年下斷年字已半
缺出烏程

晉建興塼長四寸厚一寸二分文曰
建興三年太下斷出烏程

千甓亭古塼圖釋卷十一

歸安陸心源剛甫輯

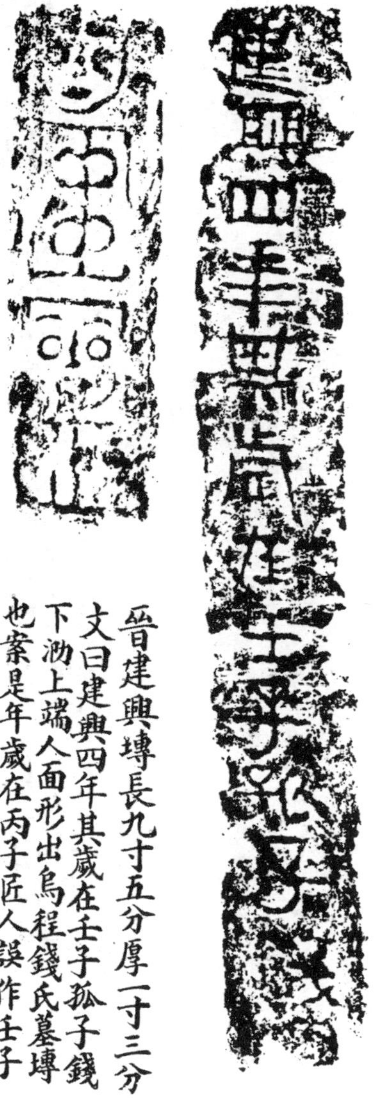

晉建興塼長九寸五分厚一寸三分
文曰建興四年其歲在壬子孫子錢
下泐上端人面形出烏程錢氏墓塼
也案是年歲在丙子匠人誤作壬子

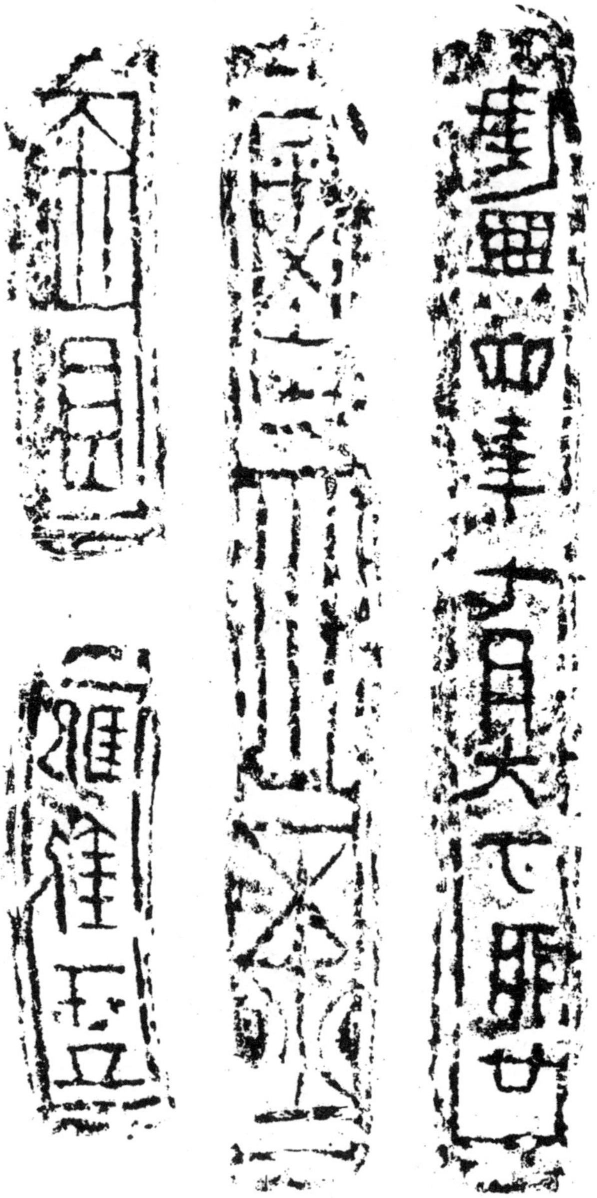

晉建興塼長一尺五分厚一寸四分文曰建興四年七月大丁朔廿上端鄒欽所立反文左側與下端皆花紋大丁乃丁亥之誤出烏程淩霞案鄒似邾之變體邾姓見史記仲尼弟子傳下一字似欽字皆反文

晉建興塼長一尺一分厚一寸六分文曰建興四年八月子日作建字年字反文出烏程

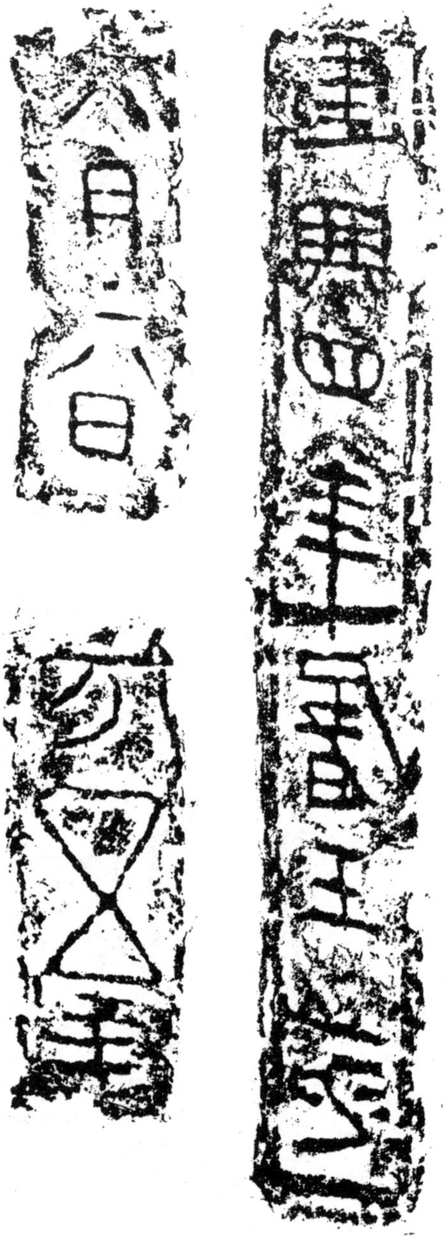

晉建興塼長九寸六分厚一寸三分文曰建興四年屠王誌反文上端八月六日四字下端万年二字中有⧖文出烏程屠氏墓塼也王當是玉萬作万 凌霞案誌疑墓字反文

晉建興塼長四寸四分厚一寸二分文曰建興四年下斷一字一格年字已半殘出烏程

晉建興塼長一尺二分厚一寸一分文曰建興四年八月十日作出烏程

晋建興塼長九寸四分厚一寸四分文曰建興四年九月二日立功貝立字及貝下一字俱半泐上端吴衆二字反文出武康吴氏墓塼也

晉建興塼長一尺厚一寸五分文凡十餘字可見者建興五年及日字作字餘皆殘泐不可辨上端泉文※文出烏程

晋建武塼長九寸厚一寸三分文曰建武元年在丑沈惠光作上端文曰沈惠光作皆反文案漢光武帝晋惠帝元帝後趙石虎西燕慕容忠齊明帝皆有建武之號惟晋元帝建武元年歲在丁丑與塼在丑合沈為沈子之後漢光武時沈戎始居吳興餘不鄉惠光殆其後裔也出烏程沈作沈

晋建武塼長九寸厚一寸三分文曰建武元年太歲在丑作上端文曰沈惠光作俱反文出烏程

晉建武塼文字與前塼同惟較長徑寸因並存之

晋建武塼長六寸七分厚一寸五分上端文曰建武元年左右側皆乂文出烏程

晋建武塼長四寸厚一寸五分文曰建武元年反文下斷上端乂文出烏程

晉建武塼長一尺三分厚一寸三分文曰建武元年閏月十八日戊宜右側文同少一戊字皆反文上端一番字案建武乃晉元帝紀元據通鑑目錄是年爲閏七月出烏程番氏墓塼也戊宜謂戊時所葬相宜也

晉建武塼長一尺一寸三分厚一寸二分文曰建武元年八月十日皃下一字不可辨反文出武康皃氏墓塼也

晉大興塼長五寸厚一寸二分文曰太興元年四字反文下斷出烏程案大興乃晉元帝第二紀元也大作太興作興

晉大興塼長一尺厚一寸三分文曰大興元年七月己巳朔廿三日作反文出
烏程案通鑑目録是年七月乙巳朔或匠人誤乙爲己也

晉大興塼長七寸厚一寸三分
文曰大興三年太歲在辰下斷
辰字半殘反文案是年歲在庚
辰與塼合出烏程

晉大興塼長九寸三分厚一寸三分文曰大興四年吳寍送故吏民作上端錠文案故吏民之見于漢碑者大抵吏民爲故君立碑而作此稱吳寍送故吏民想晉室喪亂之餘吳興吏民或有死于難者而寍曾官斯土爲之聚而葬之遂作此塼未可知也出烏程

晉大興塼長九寸七分厚一寸文曰大興四年八月吳寍送故出烏程

晉大興塼其文字及上端錠文皆同
惟尺寸較長因竝存之

晉大興塼長一尺四分厚一寸六分文曰大興四年八月吴窒送故作上端古泉文出烏程以上三種皆吴窒所作也

晉大興塼長一尺一寸三分厚一寸三分文曰大興四年八月諫議大夫管作
上端兩格X文下端米文管氏墓塼也諫議大夫考見前元康五年塼

晉大興塼長一尺六分厚一寸四分文曰大興四年八月丁亥造上端乂文出烏程案通鑑目錄是年八月丁亥朔此塼稱丁亥或指朔日言也

晉大興塼長一尺厚一寸五分左側文曰大興四年史下渤史字反文右側
上一丁字反文下直格出武康史氏墓塼也興作哭匠人俗書

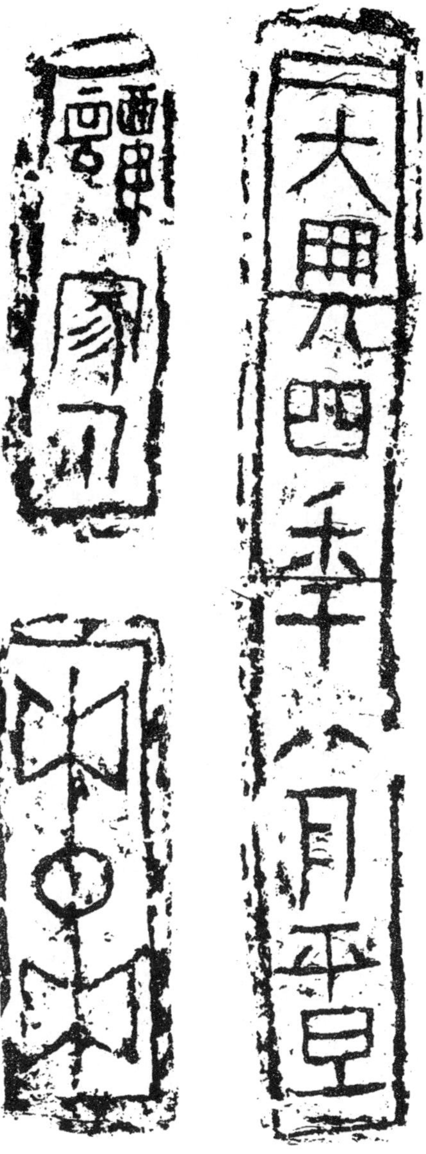

晉大興塼長一尺五分厚一寸五分文曰大興四年八月平旦上端譚家人下端二錠文中泉文家作家與玉篇之寂相似出烏程譚氏墓塼也篆譚爲譚子之後秦滅譚子孫以國爲氏

晉大興塼長一尺厚一寸四分文曰大興四年八月廿日立作上端乂文泉文出武康作字反文

晉大興塼長一尺厚一寸三分文曰大興四年九月二日制作反文出烏程又一塼文與前塼同尺寸相仿惟字形微異因並存之

晉大興塼長一尺一寸五分厚一寸七分
文曰大興四年大歲辛巳吴興劉乐門
上端薛酉曹墓四字劉下一字不可
辨薛姓酉曹官名似薛氏之墓而為劉
姓所造者

晉大興塼長一尺一寸厚一寸八分文曰
大興四年大歲辛巳吳興烏程劉下端
上造作二字下錠文此劉氏所造墓塼
也

晉永昌塼長九寸五分厚一寸二分文曰永昌元年太歲在壬午立作上下端虎頭形出烏程之喬木山案永昌為晉元帝第三改元也

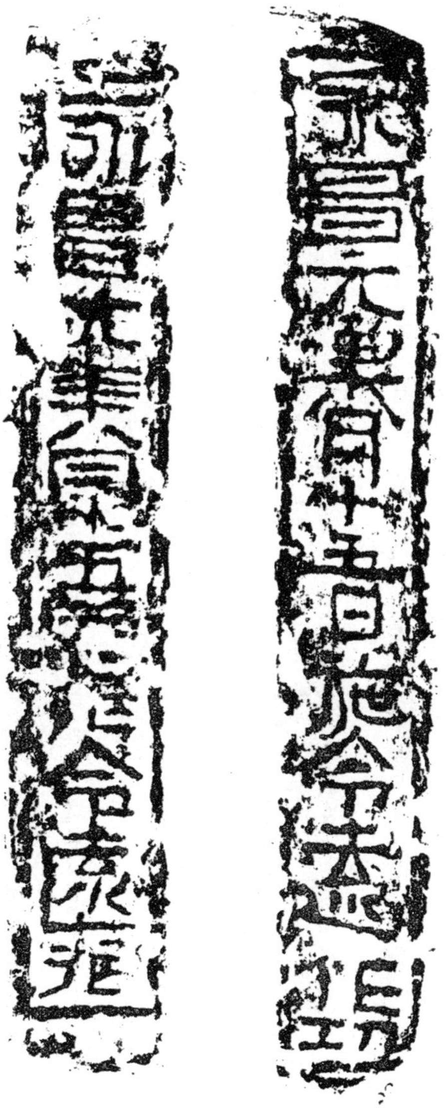

晋永昌塼長九寸三分厚一寸三分文曰永昌元年八月十五日施令遠作功出烏程施氏墓塼也又一范較上塼少一功字且字形微異十日施二字已殘

晋永昌塼長一尺四分厚一寸五分文曰永昌元年歲在壬午八月作出武康歲字作字皆泐

晋永昌塼長九寸四分厚一寸四分文曰永昌元年八月廿二日造功凡十一字反文出烏程

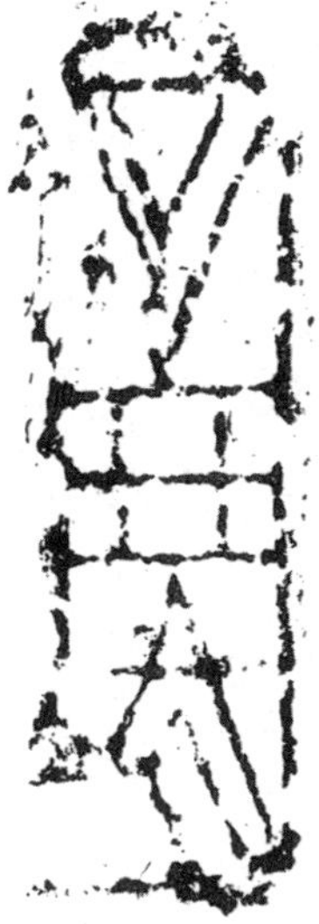

晉永昌塼長九寸五分厚一寸三分文曰
永昌元年歲在五九日作反文上端花文
案五與午通是年歲在壬午也出烏程

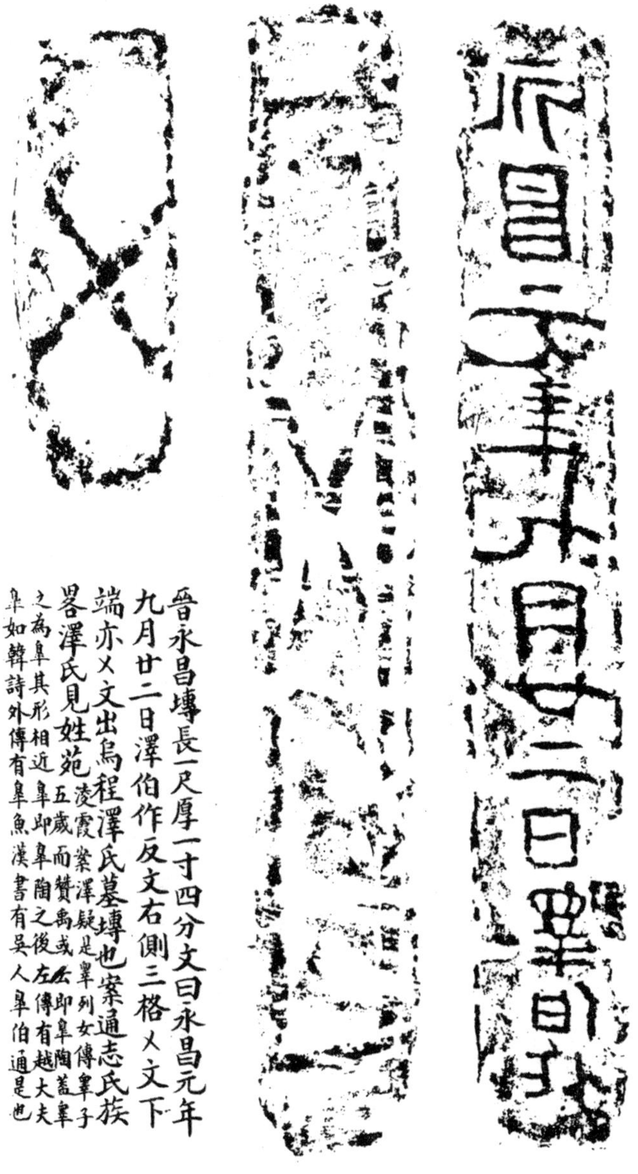

晉永昌塼長一尺厚一寸四分文曰永昌元年九月廿二日澤伯作反文右側三格乂文下端亦乂文出烏程澤氏墓塼也案通志氏族畧澤氏見姓苑

淩霞案澤疑是睾列女傳睾子五歲而贊禹或厶即臯陶蓋睾之爲臯其形相近臯即臯陶之後左傳有越大夫臯如韓詩外傳有臯魚漢書有吳人臯伯通是也

晉太寍塼長七寸厚一寸四分文曰太寍元年太歲癸未上端兩格乂文出烏程案太寍乃晉明帝紀元也

晉太寧塼長九寸厚一寸四分文曰太寧元年七月丙子朔下端如
萬歲二字側與上端皆　文出烏程

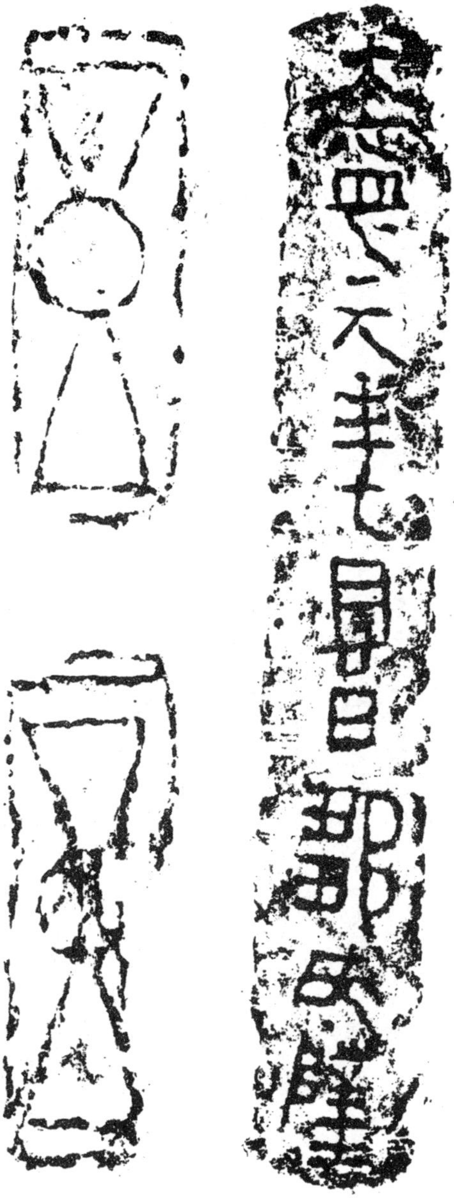

晉太寍塼長一尺八分厚一寸六分文曰太寍元年七月廿日鄭氏壁上下端皆錠文出武康鄭氏墓塼也寍氏未筆反書

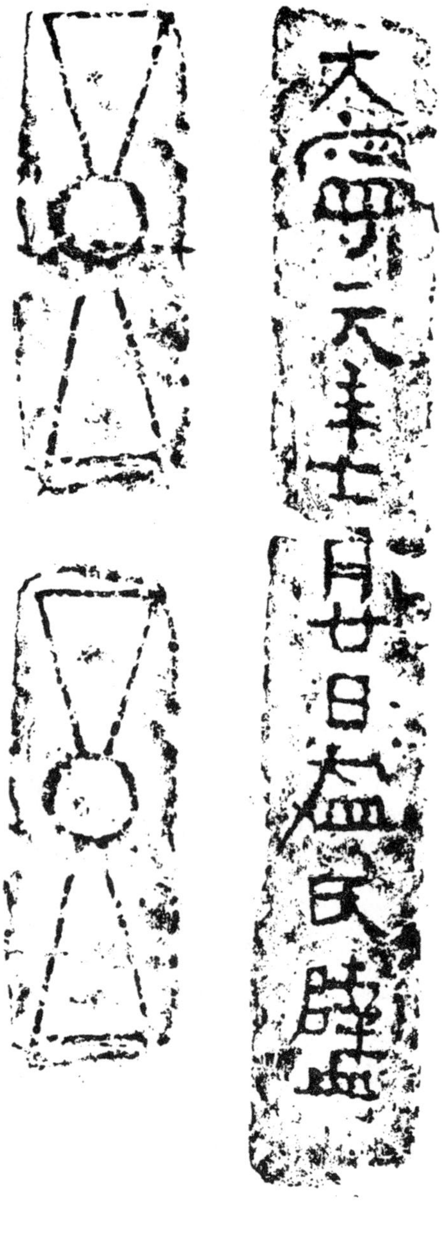

晉太寍塼長一尺八分厚一寸六分文曰太寍元年七月廿日盛氏壁上下端
皆錠文盛字反文出武康盛氏墓塼也壁作⿱辟皿下从皿字書所無蓋變體
也案吳有郎中盛沖墓在長興縣西二十五里則盛氏亦吳興著姓矣

晉太寍塼長八寸厚一寸三分文曰太寍年八月長反文出烏程太作泰寍作寕凌霞案長河内族論語有長沮孟子有長息左傳有晉大夫長武子衛有長䍧皆是此當是長氏墓塼也

晉太寍塼長一尺厚一寸四分上截花紋下半文曰太寍一年八月十日凡八字反文出武康

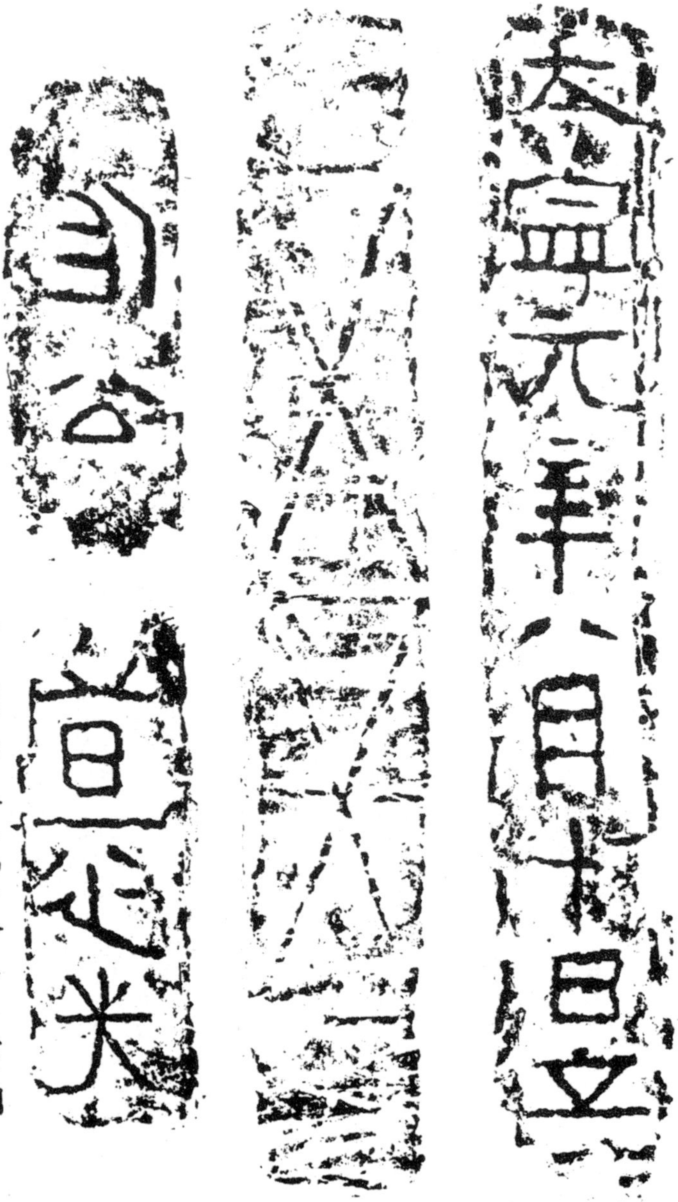

晉太寍塼長一尺七分厚一寸六分左側文曰太寍元年八月十日立右側二錠文上端作公二字下端莫少光三字上下端字皆反文出長興莫少光無攷

晉太寧塼長一尺厚一寸二分文曰太歲在癸未大寧元年八月十凡十二字上端⧖文出烏程

晉太寧塼長短文字與前塼同惟下端有朱字為異耳

千甓亭古塼圖釋卷十二

歸安陸心源剛甫輯

晉太寍塼長九寸六分厚一寸三分文曰太寍三年太歲在酉弘明作反文上端兩格乂文出烏程案風俗通弘氏衛大夫弘演之後漢有宦者弘恭為中書令孫權姊夫弘咨見通志氏族畧

晉太寍塼長九寸六分厚一寸二分文曰泰寍三年太歲在酉弘仁作右側一孝字皆反文案弘氏攷見上塼弘仁之與弘明當即兄弟行也出烏程

晋太寧塼長一尺五分厚一寸五分文曰泰寧三年泰歲在辛酉周氏作出長興周氏墓塼也案是年歲在乙酉作辛酉者匠人之誤

晋太寧塼長九寸厚一寸四分文曰太寧三年太歲在乙酉八月廿九日作九字作字反文出武康

晉太寍塼長一尺六分厚一寸四分文曰
泰寍三年八月廿日下端文曰九月世日
㚸皆一字一格反文㚸倒文出烏程太作
泰㚸即始與戚伯著碑之㚸相似

晉咸和塼長一尺厚一寸二分文曰咸和元年呂祿造作出烏程呂氏墓塼也案咸和爲晉成帝紀年呂氏爲姜姓之後封于呂至周失國子孫氏焉見元和姓纂呂祿無攷祿作禄

晉咸和塼長一尺厚一寸五分左側文曰咸元年囚包優作辟右側包優二字出烏程包氏墓塼也辟作⿰月幸優作⿰亻夏⿰亻夏字之下筆闌入作字之内色上囚字不可解

晉咸和塼長四寸六分厚一寸二分文曰咸和元年七月太歲下斷反文上端⋇文出烏程

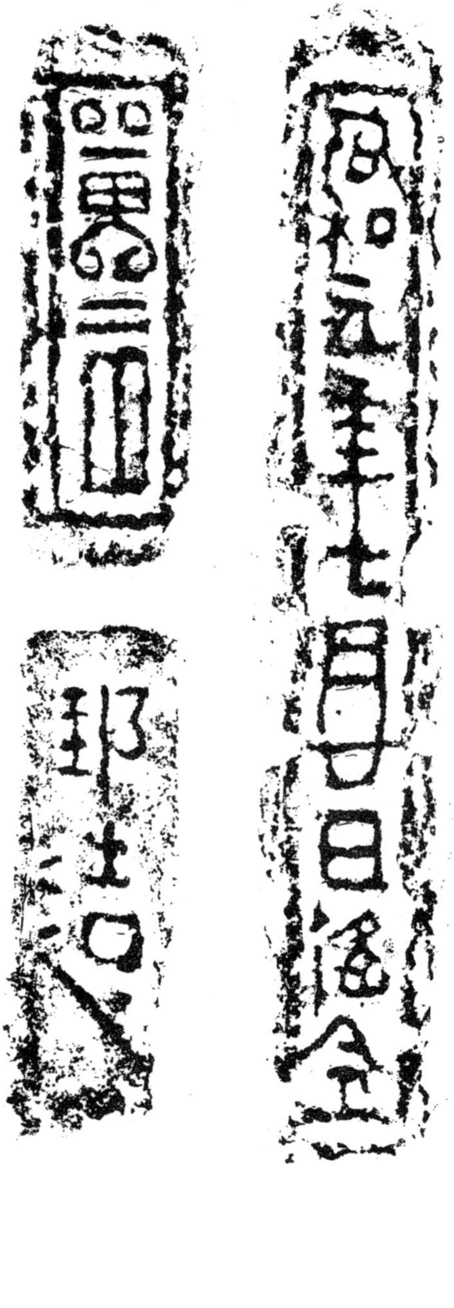

晉咸和塼長一尺厚一寸三分文曰咸和元年七月廿日傜令上端似萬歲二字下端邽造二字傜姓令邽名漢書有傜偉

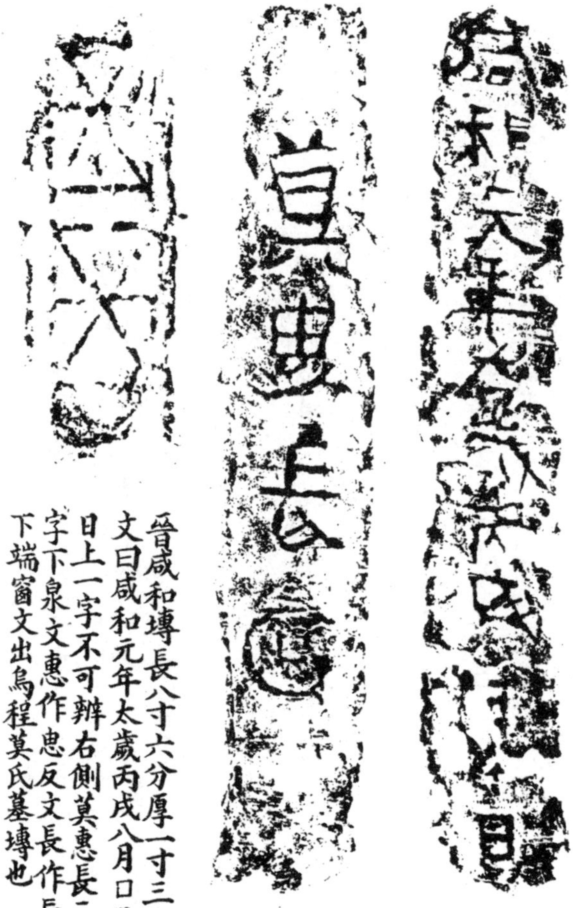

晉咸和塼長八寸六分厚一寸三分
文曰咸和元年太歲丙戌八月口日
日上一字不可辨右側莫惠長三
字下泉文惠作恵反文長作長
下端窗文出烏程莫氏墓塼也

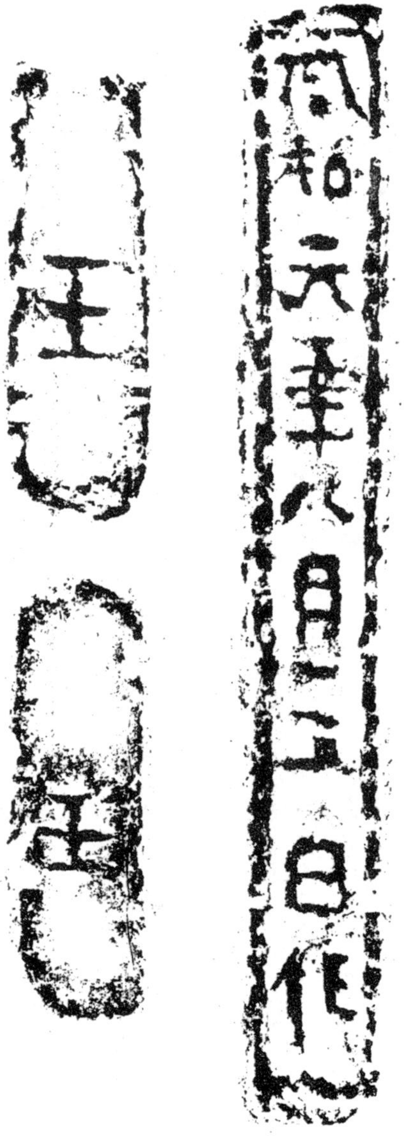

晉咸和塼長一尺五分厚一寸三分文曰咸和元年八月三日作上下端俱有王字出烏程王氏墓塼也

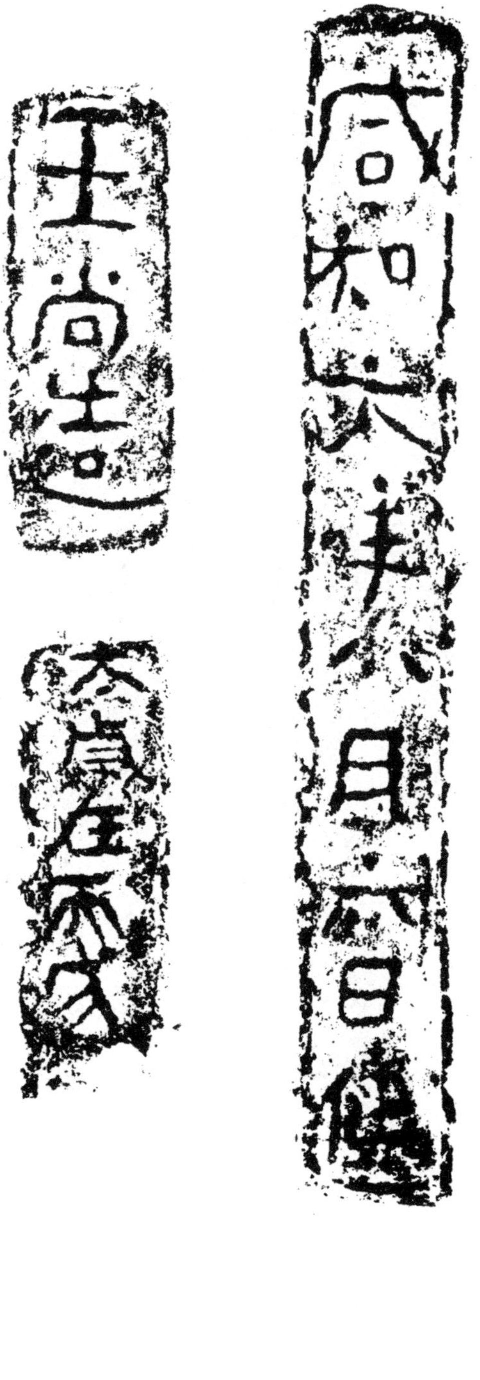

晉咸和塼長一尺厚一寸四分文曰咸和元年八月六日作上端文曰太歲在丙戌下端王尚造三字王氏墓塼也出烏程

晉咸和塼長九寸六分厚一寸三分文曰咸和元祀丙戌之年八月建作凡十二字兩字為一格建字跨格書出烏程

晉咸和塼長九寸厚一寸三分文曰咸和元年八月十五日作凡十字反文出烏程

晉咸和塼長八寸八分厚一寸三分
文曰咸和四年八月一日管氏下端
作壁二字俱反文出烏程

晉咸和塼長九寸二分厚一寸四分文曰咸和五年九月七日作歲在寅

反文是年歲在庚寅出烏程

晉咸和塼長五寸厚一寸八分文曰咸和六年歲在丙下斷右側兩格㐅文出武康案是年歲在辛卯作在丙匠氏之誤

晉咸和塼長九寸五分厚一寸四分文曰咸和六年十月十五日立出烏程

晉咸和塼長九寸厚一寸文曰咸和七年下直格文出烏程

晉咸和塼長五寸七分厚一寸四分
左側文曰咸和七年吳下斷吳字已
殘右側上端皆花紋出烏程

晉咸和塼長九寸三分厚一寸五分左側文曰咸和七年右側文曰五月十日成出烏程七字反文月作凡成作朩

晉咸和塼長九寸厚一寸二分文曰咸和七年八月作出烏程

晉咸和塼長六寸六分厚一寸三分
文曰咸和七年八月下斷出烏程

晉咸和塼長六寸六分厚一寸六分文曰咸和七年八月廿日出烏程

晉咸和塼長七寸二分厚一寸五分文曰咸和七年八月廿日都下斷出長興都氏墓塼也案都氏漢有臨晉侯都稽九真賊將都羊姓苑云今吳興人是都氏固著籍于湖矣

晉咸和塼長一尺一寸二分厚一寸三分文曰咸和七年太歲任辰九月廿日制作壁

出長興任與壬同聲通借也

晉咸和塼長一尺三分厚一寸四分文曰晉咸和八年歲在癸巳反文出烏程

晉咸和塼長八寸五分厚一寸四分文曰咸和八年八月十六日作反文出烏程

晉咸和塼長九寸二分厚一寸五分文曰咸和九年八月甲辰朔十日下直文右側乂文直格及斜方格文上端有朱字下一字不可辨案通鑑目錄七月壬申朔九月辛未朔則甲辰當爲八月二日矣出烏程

晉咸和塼長一尺四分厚一寸三分文曰咸和
九年八月廿右側文曰一日孫子宣隋制作俱
反文上下端皆乂文出烏程案宣氏一為宋
宣公之後一為魯叔孫宣伯之後見風俗通
及元和姓纂宣隋無攷

晉咸和塼長一尺五分厚一寸五分文曰晉咸和十年八月作出烏程案咸和止九年或約來年葬期而預作此塼適值改元之事未可知也

晉咸康塼長一尺三分厚一寸四分文曰
咸康元年八月莫君反文上端乂文出長
興莫氏墓塼也案咸康爲晉成帝第二
紀元

晉咸康塼長一尺一分厚一寸三分文曰咸康三年八月錢陟作出烏程錢氏墓塼也錢陟無攷咸作咸

晉咸康塼長一尺一寸六分厚一寸七分文曰咸康三年八月六日郡守任矦上端吳中郎作下端模糊不可辨出烏程案郡守任矦其人曾官太守而葬于湖者吳中郎乃造塼人名

晉咸康塼長一尺四分厚一寸四分文曰咸康三年歲在丁酉八月十日作丁字作字反文歲在二字已殘右側模糊不可辨上端芺文下端㐅文出烏程

晉咸康塼長八寸八分厚一寸三分文曰咸康四年反文出烏程

晉咸康塼長七寸七分厚一寸一分文曰咸康四年九月八日出烏程康作康反文

晉咸康塼長一尺八分厚一寸二分文曰咸康四年太歲在戊蕭氏建反文上端泉文出武康蕭氏墓塼也案蕭爲微子之後因邑命氏見元和姓纂

晉咸康塼長一尺八分濶四寸八分其文與上塼同上端亦有泉文惟字迹間有微異且上塼出武康此出塘栖因並存之

晉咸康塼長五寸厚一寸一分上端文曰咸康五年俞氏造左側乂文
下斷出歸安俞氏墓塼也

晉咸康塼長一尺厚一寸四分文曰咸康六年九月三日俞壁反文俞氏墓塼也出烏程壁字已殘

晉咸康塼長八寸八分厚一寸二分文曰咸康七年八月制作出烏程
又一塼文字同約長一寸因並存之

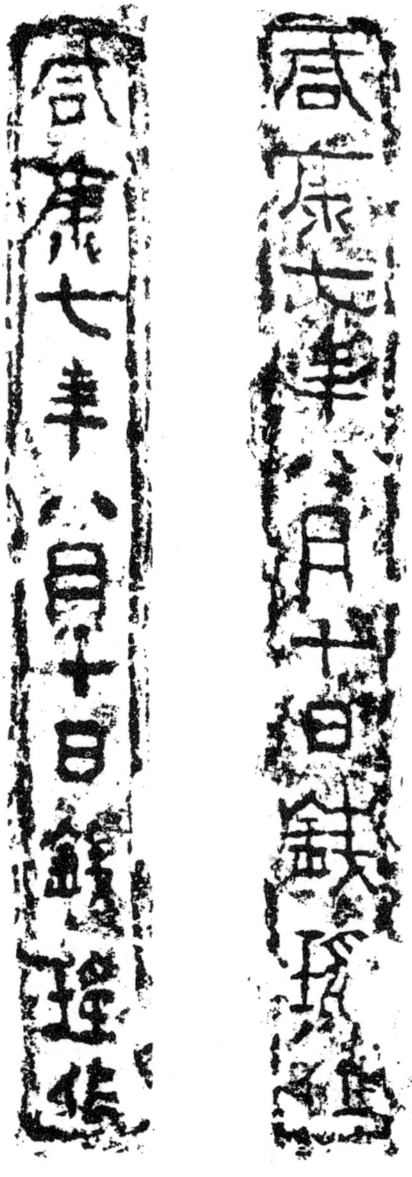

晉咸康塼長一尺厚一寸二分文曰咸康七年八月十日錢瑤作錢氏墓
塼也出烏程又一塼尺寸文字皆同而字形微異因並存之

晉咸康塼長八寸厚一寸一分文曰
咸康七年右側九年日作四字俱
反文作上一字不可辨下端窗文
此塼一稱七年一稱九年或誤合
二范為一也

千甓亭古塼圖釋卷十三

歸安陸心源剛甫輯

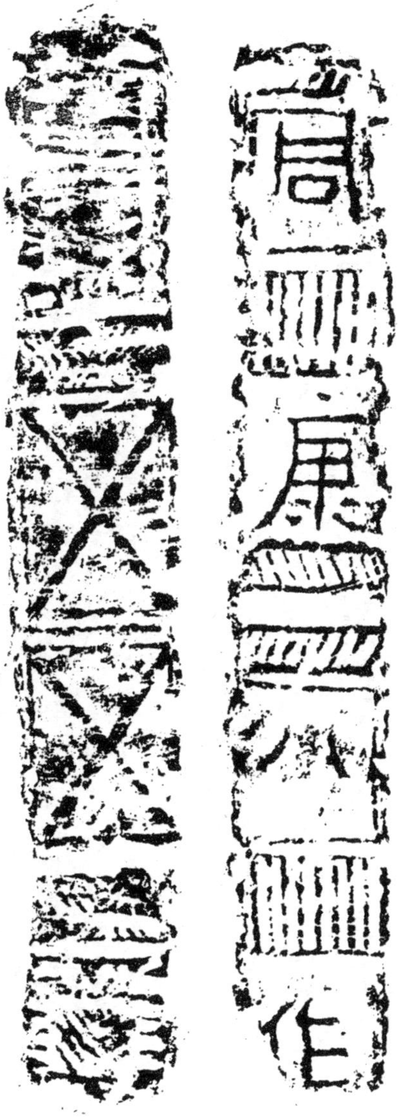

晉咸康塼長九寸八分厚一寸五分左側文曰咸康八作每字閒以直格右側上下皆花紋中兩格㐅文

晉咸康塼長一尺厚一寸一分文曰咸康八年管𥎦作左側與上端皆㐅文出烏程管氏墓塼也

晉咸康塼長八寸七分厚一寸三分
文曰咸康八年七月卅管下泐右側
直格上端上直格下乂文管氏墓塼
也出烏程康作康

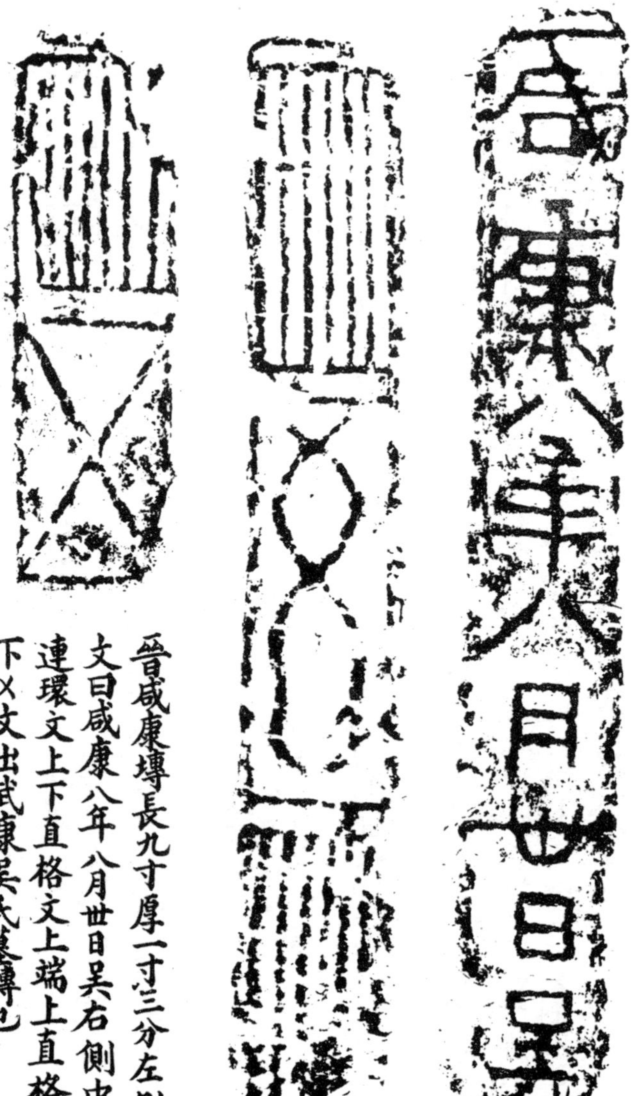

晉咸康塼長九寸厚一寸三分左側文曰咸康八年八月卅日吴右側中連環文上下直格文上端上直格下乂文出武康吴氏墓塼也

晉建元塼長六寸七分厚一寸三分上端文曰建元元年八月十日反文出烏程月作丹案建元乃晉康帝紀元也

晉建元塼長一尺厚一寸三分文曰建元二年大吉反文出武康

晉建元塼長四寸四分厚一寸二分文曰建元二年八月廿日下斷出烏程

晉建元塼長一尺八分厚一寸四分文曰建元二年八月蒼梧廣信令羅十二字反文出烏程案晉書地理志蒼梧郡領縣十二其一曰廣信此羅君曾為廣信令而葬于是地者

晉建元塼長七寸厚一寸三分文曰建元二年八月廿日下斷日字已殘
右側羊吳君三字下斷出烏程

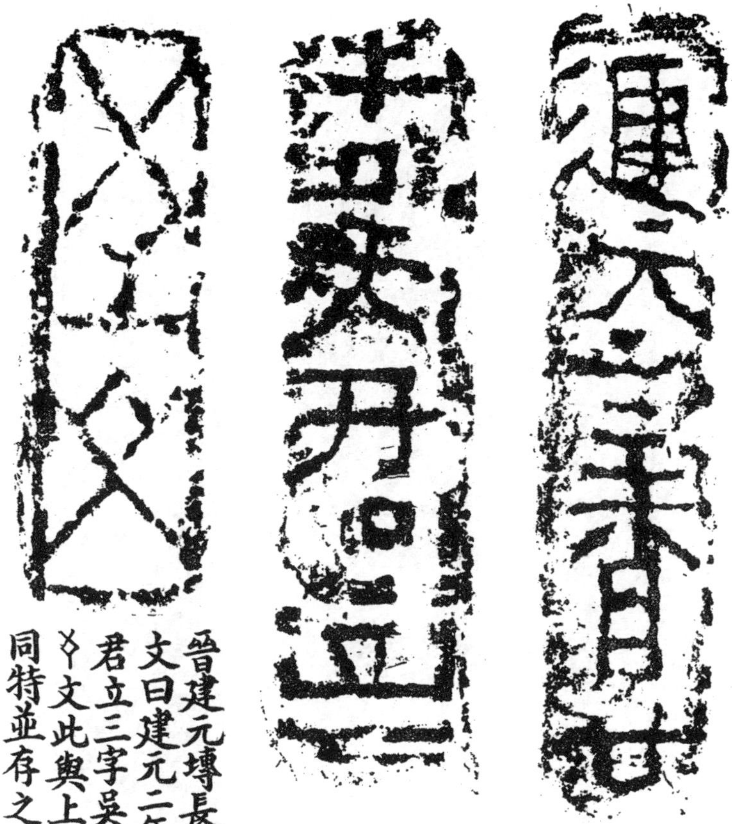

晉建元塼長六寸六分厚一寸三分
文曰建元二年八月廿下斷右側吳
君立三字吳上一字已殘上端兩格
ㄨㄨ文此與上塼同因字數多寡不
同特並存之

晉建元塼長九寸厚一寸四分文曰建元三年八月十三日上下端有文不可辨出烏程案建元止二年三年者已屬永和元年矣

晉永和塼長一尺四分厚一寸二分文曰色咸字士之上端文曰永和二年俱反文出烏程案與注論語之色咸同姓名實非一人永和乃晉穆帝紀元也

晉永和塼長九寸五分厚一寸四分文曰永和二年八月八日作上端
文曰大佳人下端文曰二千石俱反文出烏程

晉永和塼長七寸一分厚一寸二分
上端永和三年右側有字不可
辨左側直格文出烏程

晉永和塼長四寸厚一寸四分文曰
永和三年下斷

晉永和塼長五寸厚一寸四分
文曰永和三年八月下鈌反文
出烏程

晉永和塼長六寸八分
厚一寸四分文曰永和
三年八月二日建功反
文出烏程

晉永和塼長一尺一寸厚一寸四分文曰永和三年八月十日作右側文曰王惠平者也俱反文出烏程王氏墓塼也王惠平無攷

晉永和塼長九寸五分厚一寸五分文曰晉永和三年歲在辛未
烏程王氏出烏程王氏墓塼也晉作晉歲作嵗

晉永和塼長九寸一分厚一寸二分
文曰永和四年清公所作上端ㄨ
文直格出烏程案清爲河東族國
名紀少昊氏之父初封於清後以國
爲氏左傳晉有清沸魋漢書人表
有舟人清涓是乃清氏墓塼也

晉永和塼長九寸五分厚一寸三分文曰永和四年八月一日龍反文出烏程龍氏墓塼也案龍為舜臣龍之後楚有龍且龍未央見元和姓纂上端有十八年字不可解

晉永和塼長九寸六分厚一寸三分文曰永和四年八月廿二日管弘作上端有世字上一字不可辨出烏程管氏墓塼也永和之永字已半殘

晉永和塼長九寸六分厚一寸三分文曰永和四年八月廿二日管作上端有晉世人三字此亦管氏墓塼較前塼少一弘字据此則前塼之端世字上亦晉字耳

晋永和塼長一尺七分厚一寸五分文曰晋永和五年二月太歲在己酉作出長興

晋永和塼長四寸七分厚一寸六分上端文曰永和五年二月十日左側斜格文

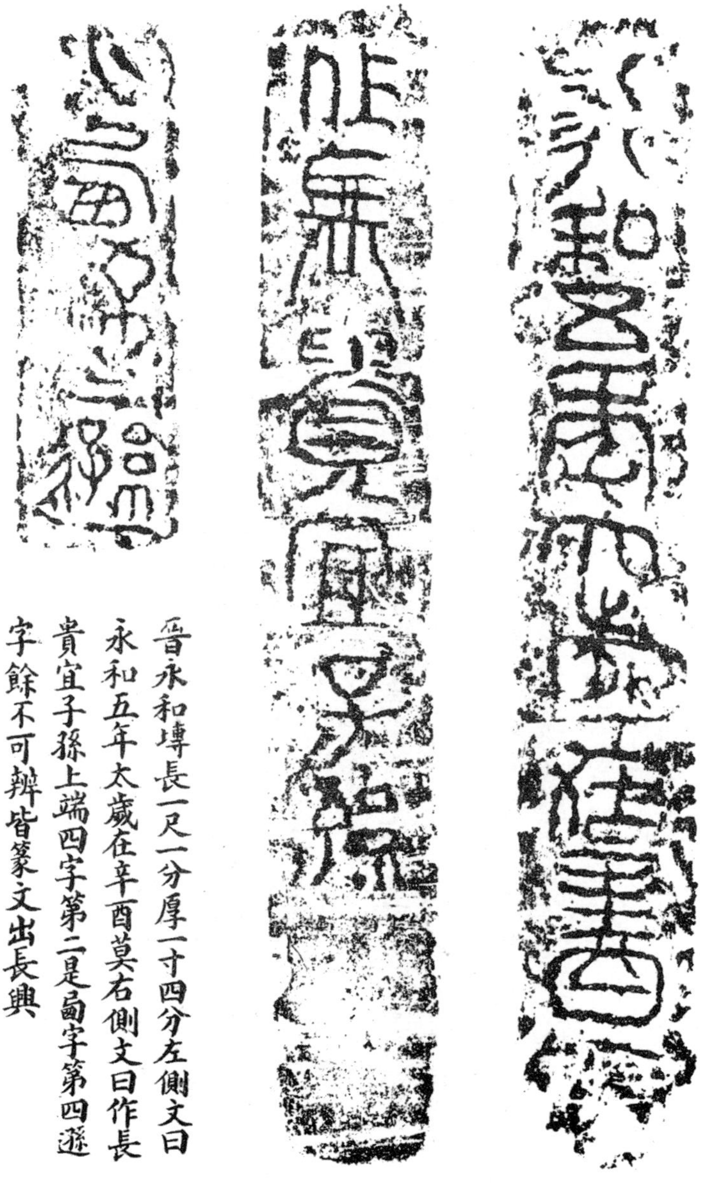

晉永和塼長一尺一分厚一寸四分左側文曰永和五年太歲在辛酉莫右側文曰作長貴宜子孫上端四字第二是畐字第四遜字餘不可辨皆篆文出長興

晉永和塼長九寸九分厚一寸五分文曰永和六年八月三日程埸作上端花紋出武康程氏墓塼也案嘉泰吳興志引吳興雜錄烏程縣以秦時程林烏巾二家善釀酒得名則吳興之有程氏其來久矣

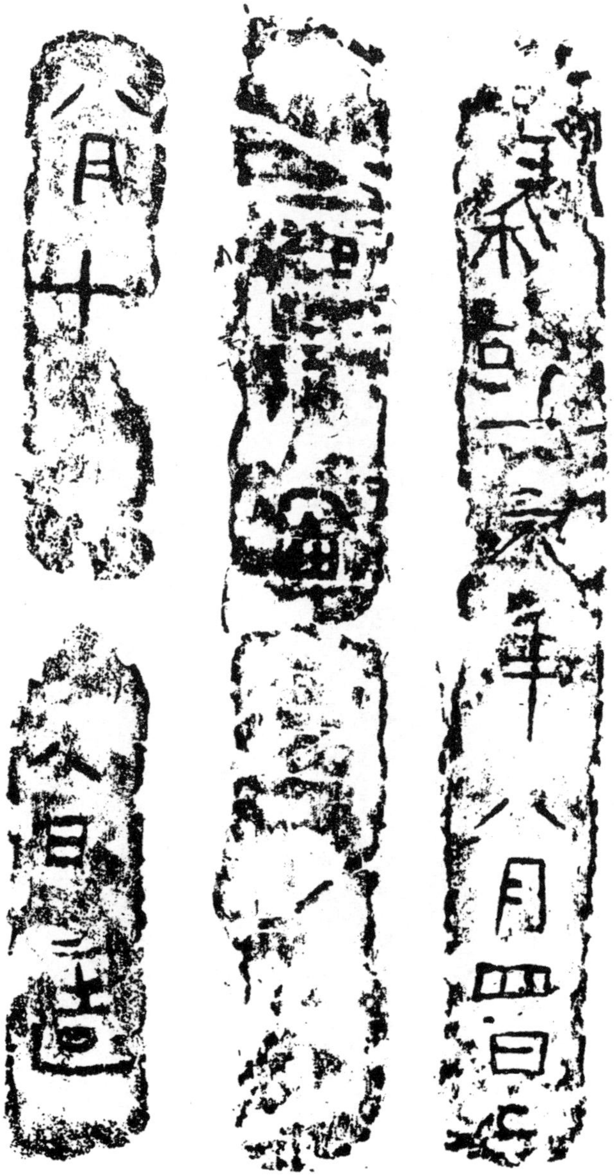

晉永和塼長一尺厚一寸四分左側文曰永和口六年八月四日作和下一字衍文不可辨右側惟見一軍字餘皆模糊上端八月十下端八日造出武康

晉永和塼長二寸厚一寸三分文曰永和六年下斷上端永和六年八月廿凡七字下端乂文出武康

晉永和塼長一尺厚一寸五分文曰永和七年作反文下一字不可辨出烏程

晉永和塼長一尺一寸厚一寸七分文曰永和七年反文下兩泉文上端長宜二字出湖南永作氶和作和七作乇年作手長作镸宜作𡧯其形皆異

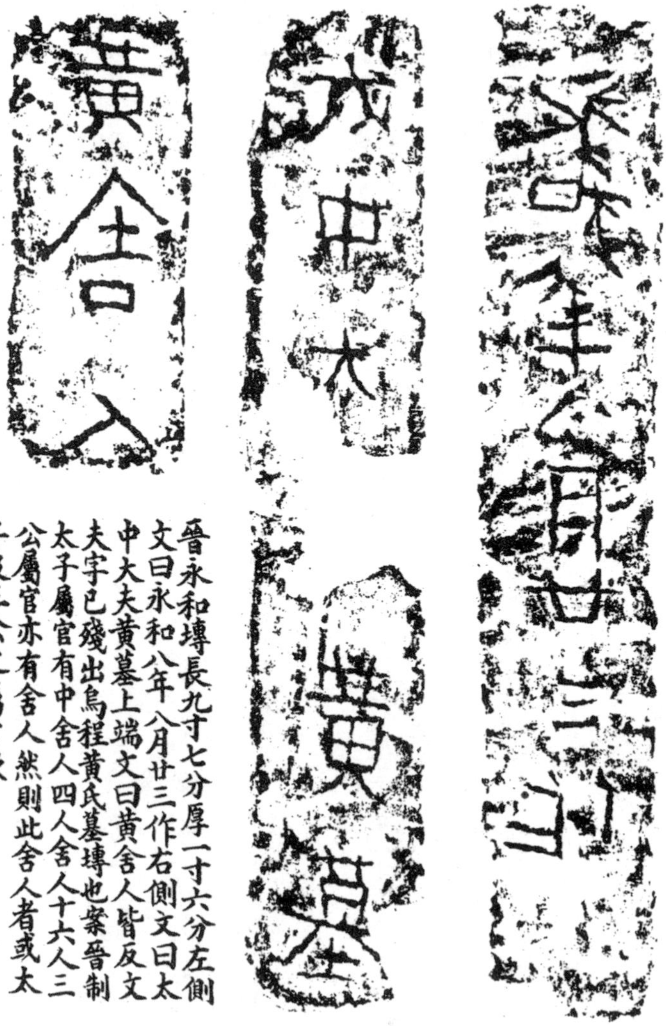

晉永和塼長九寸七分厚一寸六分左側文曰永和八年八月廿三作右側文曰太中大夫黃墓上端文曰黃舍人皆反文夫字已殘出烏程黃氏墓塼也案晉制太子屬官有中舍人四人舍人十六人三公屬官亦有舍人然則此舍人者或太子及三公之屬官歟

晉永和塼長一尺二分厚一寸三分文曰
永和十年甲寅八月丙子朔廿日汝氏
上下端兩頭泉文中図文出烏程汝氏
墓塼也寅八月氏四字皆殘泐

晉永和塼與前塼同惟尺寸較長字形微異寅八月三字明顯以下只日字可見餘皆模糊特並存之

晉永和塼長九寸三分厚一寸一分文曰永和十二年八月十二日口興
出烏程興即興字上一字不可辨年作平

晉升平塼長六寸二分厚一寸三分文曰升平元年太歲在巳反文下斷上端
泉文出烏程案升平爲晉穆帝第二改元在巳者歲在丁巳也

晉升平塼長五寸厚一寸三分文曰升平元年年字半殘上端上錠文下斜方格文出烏程升作[illegible]平作[illegible]

晉升平塼長一尺厚一寸三分文曰升平二年太歲在午反文在午歲在戊午也出烏程

晉升平塼長九寸八分厚一寸五分文曰升平二年七月十八日作出武康

晉升平塼長八寸七分厚一寸二分文曰升平三年都氏反文右側直格文都氏墓塼也案通志氏族畧都氏吳興人

晉升平塼長一尺厚一寸五分文曰升平三年七月廿日辛巳作上端有沈字沈氏墓塼也案通鑑目錄是年七月丁丑朔辛巳爲五日今作廿匠人誤書也

晉升平塼長一尺厚一寸四分文曰升平三年八月十三日范詔作
反文出烏程范氏墓塼也范詔無攷

千甓亭古塼圖釋卷十四

歸安陸心源剛甫輯

晉升平塼長五寸厚一寸二分文曰晉升平四年年下一字殘不可辨下斷右側陳郡長平縣皆反文下斷出長興案晉書地理志長平縣屬豫州潁川郡至北魏始有陳郡之名想所葬者為長平人而隨晉南度者然既為晉人而用北魏地名不可解也

晉升平塼長四寸五分厚一寸二分
文曰升平四年下斷出烏程

晉升平塼長一尺厚一寸三分文曰升平四年八月十日作升字反文右側
直格出烏程

晉升平塼長四寸四分厚一寸二分文曰升平四年九下斷升字半泐右側
有楊仲璧三字皆反文出烏程楊氏墓塼也

晉升平塼長四寸四分厚一寸二分文曰升平四年下斷下端楊季壁三字皆反文出烏程楊仲楊季當是兄弟行也

晉升平塼長五寸三分厚一寸五分文曰升平四年九月下斷上端泉文出武康

晉升平塼長九寸二分厚一寸二分文曰升平四年九月十日下一字不可辨反文右側㐅文出烏程

晉興寍塼長一尺一分厚一寸六分左側文曰興寍元年八月右側文曰莫故障郡上有錠文上端文曰莫元皆及文出長興莫氏墓塼也案史記吳王濞傳正義秦鄣郡今湖州長興縣西南八十里故鄣城是也興寍為晉哀帝第二紀元寍作寧年作秊

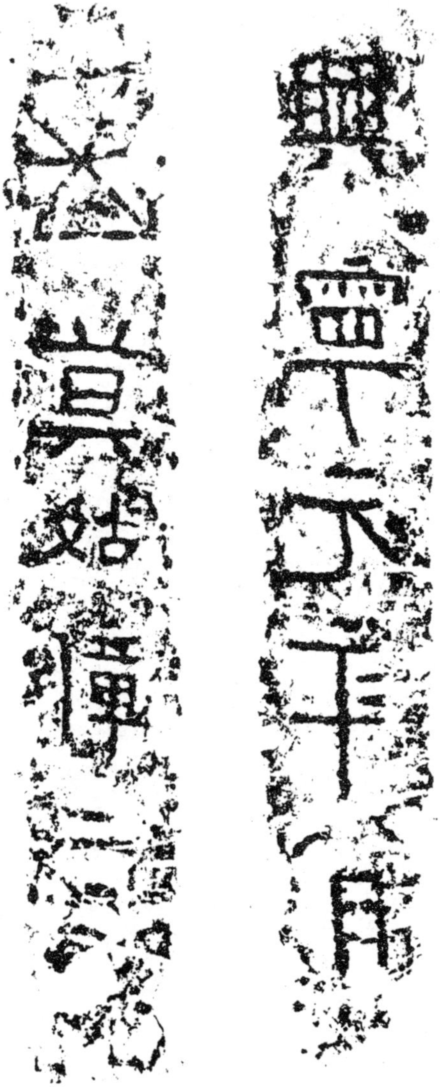

晉興甯塼長一尺一分厚一寸六分左側文曰興甯元年八月右側上有錠文下四字曰莫故鄣立俱反文立字半泐出長興亦莫氏墓塼也甯作寧

晉興寍塼長一尺二分厚一寸五分文曰興寍元年八月廿日作上端少作二字反文出長興少氏墓塼也按漢書有方士少翁下邽令少年帷寍作字

晉興寧塼長九寸三分厚一寸四分文曰興寧二秊癸亥之歲上端遇住二字右側三格乂文案癸亥爲興寧元年二年乃是甲子此匠人誤書遇姓漢有東安太守遇中見風俗通東莞有遇氏見元和姓纂

晉興寍塼長一尺一寸厚一寸六分文曰興寍二年八月十日作右側莫都官三字皆反文出長興莫氏墓塼也案晉書職官志魏尚書郎凡二十三青龍二年尚書陳矯奏置都官騎兵合二十五郎晉武受命更定爲三十四曹郎莫都官者必仕至都官尚書郎郡志失載耳寍作寕 都作都

晉興寍塼長一尺一寸厚一寸五分文曰興寍三年九月十日駱君和反文右側魚鱗文出長興駱氏墓塼也案駱為齊太公之後吳有駱統東陽人居會稽曾孫就晉秦州刺史湖州本漢會稽郡地也君和無攷

晉興寗塼長四寸厚一寸二分文曰
興寗三年下斷出長興

晉太和塼長四寸四分厚一寸二分上
端文曰泰和元年作五字反文出烏
程案泰和乃晉海西公紀元也

晉太和塼長九寸三分厚一寸二分文曰太和元年八月十日反文下二字不可辨出烏程

晉太和塼長一尺厚一寸三分文曰太和元年八月十日福成作上端有其字出烏程福氏墓塼也案福為齊大夫福子舟之後見元和姓纂其字或不其縣名也福成作三字已模糊

晉太和塼長九寸四分厚一寸三分文曰
太和元年八月廿日錢桒上端乂文案桒
即桑字錢氏墓塼也錢桒無攷出烏程

晉太和塼長九寸一分厚一寸二分文曰太和元年八月廿日錢桒下端太元元年九月反文出烏程以海西公年號與孝武帝年號合為一塼乃匠者之誤

晉太和塼長八寸八分厚一寸二分文曰泰和三年八月反文下二字不可辨上下端及右側皆乂文出烏程

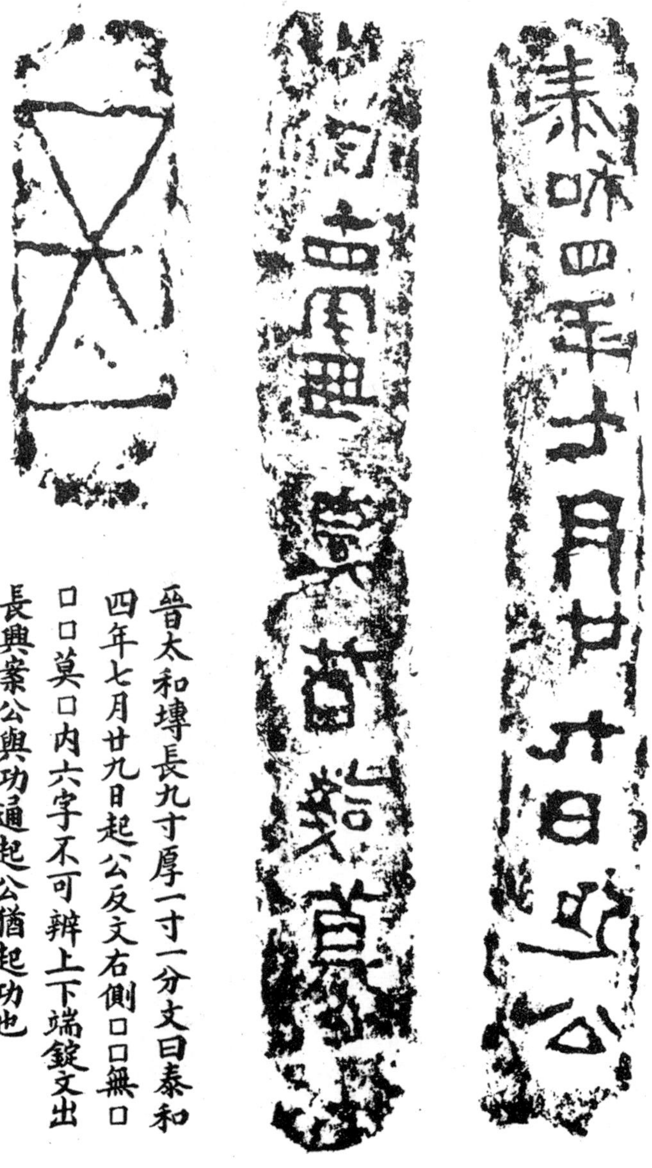

晉太和塼長九寸厚一寸一分文曰泰和四年七月廿九日起公反文右側□□無□□□莫□内六字不可辨上下端錠文出長興案公與功通起公猶起功也

晉太和塼長九寸一分厚一寸三分文曰泰和五年八月一日右側及上端俱有俞公成三字皆反文俞氏墓塼也俞公成無攷

晉太和塼長八寸八分厚二寸四分文曰泰和六年歲辛未泰字已缺歲字已泐右側似郡長平縣殷氏六字皆反文出長興案平縣屬河南郡見司馬彪郡國志即今河南府孟津縣境淩霞案此塼年分上缺一字以尺寸計之右側當缺二字似□□郡長平縣殷氏是長平縣非平縣也

晉咸安塼長九寸五分厚一寸五分文曰咸安二年太歲在壬申八月
廿五日丁氏作出武康丁氏墓塼也

晉咸安塼長三寸七分厚一寸二分文曰咸安二年太下斷出烏程案咸安爲晉簡文帝紀元也

晉寍康塼長四寸二分厚一寸三分上端文曰寍康三年朱司反文出烏程朱氏墓塼也寍作寜康作康案寍康乃晉孝武帝紀元

晉寍康塼長八寸八分厚一寸三分文曰寍康三年七月廿日寍字反文上端似大元二字反文下端錠文出長興寍作寧康作康年作秊

晉寍康塼長一尺厚一寸四分文曰寍康三年歲在乙亥八月吳作右側
文曰太元十一年太歲□□□此吳氏墓塼出烏程寍作寍康作庳案
太元為孝武帝第二改元太元十一年上距寍康三年相去十一年此匠
人誤合二笵為一也

晉寍康塼長九寸三分厚一寸三分文曰寍康三年八月一日施狼作
右側亦有施狼作三字俱反文出烏程施氏墓塼也寍作寧年
作年案狼與琅通漢洗之堂狼即堂琅堂琅縣名

晉太元塼長九寸三分厚一寸三分文曰太元元年歲在丙子故鄣王氏業晉書地理志吳興郡統縣十一其七曰故鄣今安吉縣境王氏墓塼也出烏程太元乃晉孝武帝第二紀元

晉太元塼長一尺三分厚一寸三分文曰太元年八月四日作之太元年一格八月一格四一格日作之一格上端有田一㐅曰文出烏程

晉太元塼長六寸一分厚一寸五分
文曰太元元年八月卅日八字下斷
反文出烏程

晉太元塼長九寸八分厚一寸五分上端
文曰太元三年反文出烏程年作𠦃

晉太元塼長一尺八分厚一寸五分文曰泰元四年八月廿日市包喜作右側兩頭乂文中直格出烏程郭西灣案市者居于市之謂包喜人名 凌霞案市亦姓史記燕將軍市被是也

晉太元塼長九寸二分厚一寸三分上端文曰太元七年反文右側萬歲不敗四字出烏程

晉太元塼長一尺厚一寸三寸文曰太元
七年九月反文上端兩格㐅文出烏程

晉太元塼長五寸五分厚一寸四分文曰太元八年歲在癸下斷出烏程

晉太元塼長九寸厚一寸三分文曰泰元八年八月廿日下錠文出武康

晉太元塼長九寸三分厚一寸二分文曰晉泰元九年七月壬午朔十九日庚子立作上端上一田字下三字不可識下端花紋出烏程

晉太元塼長九寸五分厚一寸六分文曰
太元九年八月一日作作字已殘右側相
霝二字上端吳年作三字皆反文出烏
程吳氏墓塼也相霝或吳年之字

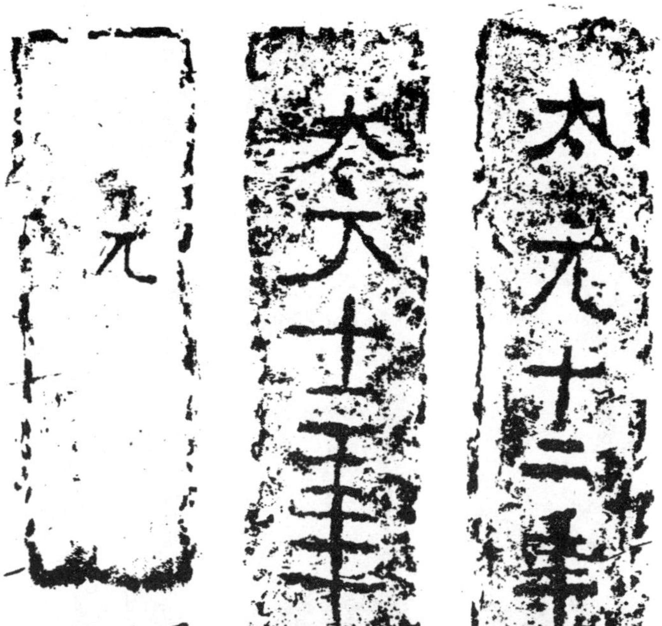

晉太元塼長九寸一分厚一寸三分文曰太元
十二年八月四日作壁壁字半泐右側太元
十二年八月四日作右側字反文上端有一
元字出烏程

晉太元塼長九寸四分厚一寸四分文曰太元十二年八月四日作壁右側孤子錢羣四字上端有一元字此錢羣為父作墓塼也出烏程孤字半殘壁作壁

晉太元塼長八寸八分厚一寸四分文曰晉太元十四年仲秋七月
下殘出烏程

晉太元塼長一尺三分厚一寸五分
上端文曰晉太元十六年出武康

晉太元塼長八寸一分厚一寸三分
文曰太元十八年馬且弟弟下
一字不可辨太字已殘出烏
程

晉太元塼長五寸厚一寸四分文曰
太元十八年歲癸巳反文下斷

晉太元塼長四寸八分厚一寸四分上端
文曰泰元廿年四字反文出烏程

晉太元塼長四寸五分厚一寸三分上端
文曰太元廿二年年作反文出烏程

千甓亭古塼圖釋卷十五

歸安陸心源剛甫輯

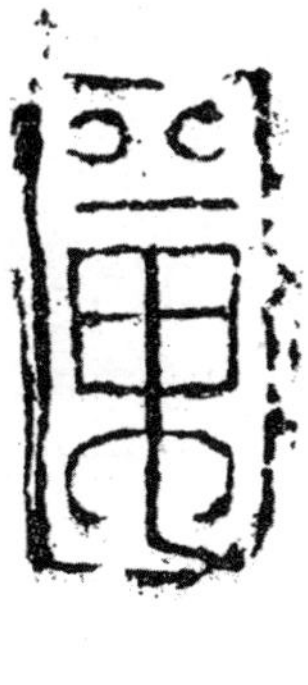

晉隆安塼長四寸二分厚一寸上端文曰晉隆安元年下端一萬字出烏程案隆安乃晉安帝紀元

晉隆安塼長八寸四分厚一分二分文曰
晉隆安二年戊戌仲秋月易陽建上端
三格ㄨ文出烏程易氏墓塼也案易氏
為齊大夫易牙之後易陽于志乘無考

晋義熙塼長一尺七分厚一寸五分文曰莫上計壁郭出長興案義熙為晋安帝第六改元莫上計無攷郭即壙之借廣郭一聲之轉蓋莫氏壙專也

晉義熙塼長八寸九分厚一寸三分文曰義熙七年八月廿六日作反文上端
回文下端有千元二字反文出烏程

晉義熙塼長五寸二分厚一寸二分
文曰晉義熙十一年下斷出烏程

晋義熙塼長九寸四分厚一寸文曰
晋義熙十二年八月十六日馬司徒作
反文上端其年太守馬以下不可辨
案晋書職官志太尉司徒司空此馬
司徒不知何人也

晉義熙塼長九寸八分厚一寸五分文曰
晉義熙十二年八月廿六日馬馬字半殘
以下不可辨義熙字亦泐上端其年二
字下不可辨此與前塼皆馬氏墓塼也

晉義熙塼長八寸厚一寸四分文曰義熙十四年出武康

晉元熙塼長六寸厚一寸七分上端文曰元熙元年出烏程案元熙為晉恭帝紀元

晉元熙塼長七寸九分厚一寸二分文曰元熙元年太歲己未韓反文
出烏程韓氏墓塼也

宋永初塼長一尺四分厚一寸五分
上端文曰永初元年十一月反文出
烏程案永初宋武帝紀元也

宋永初塼長九寸八分厚一寸二分
上端文曰永初二年太歲辛酉八
月建功反文出烏程

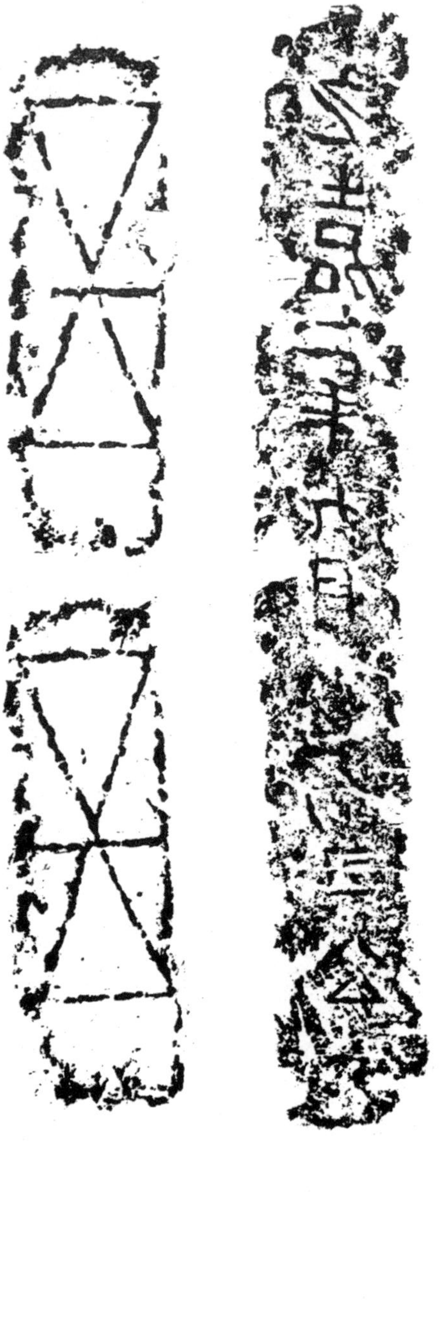

宋元嘉塼長九寸三分厚一寸三分文曰元嘉二年九月□□起公反文九月下二字不可辨上下端皆錠文出長興起公即起功與前泰和四年塼同案元嘉為宋文帝紀元也

宋元嘉塼長八寸九分厚一寸三分上端文曰宋元嘉六年下端文曰太歲己巳皆反文出烏程

宋元嘉塼長九寸六分厚一寸五分
文曰元嘉七年八月十五日高反文
上端花紋出烏程高氏墓塼也

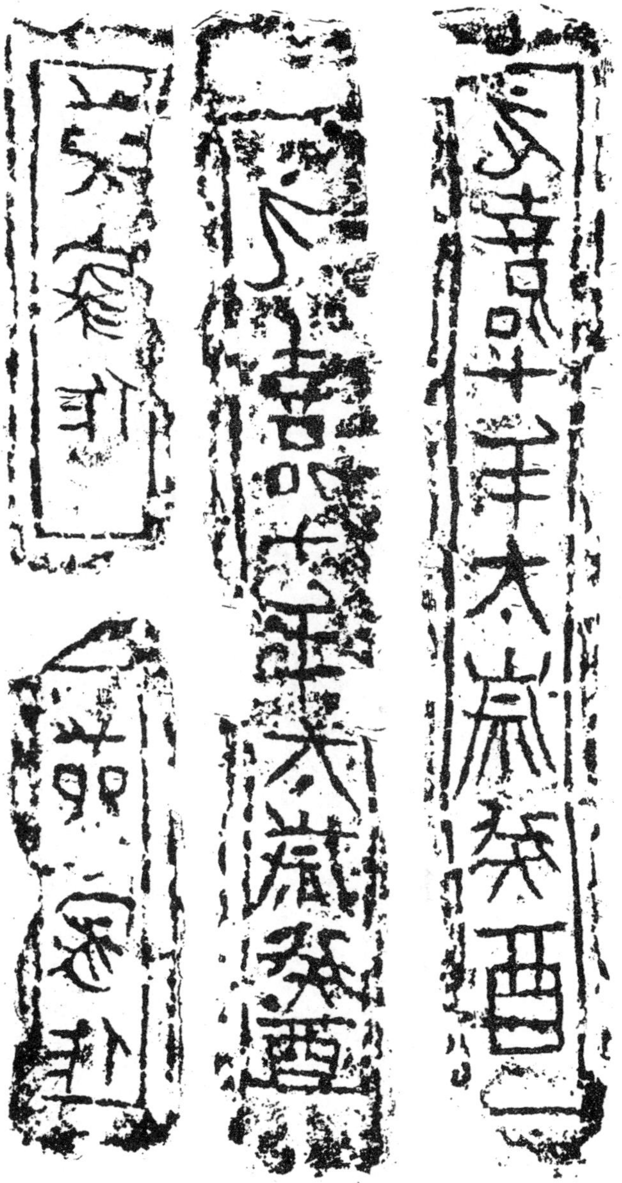

宋元嘉塼長八寸五分厚一寸四分左右側同文曰元嘉十年太歲癸酉
上下端同文曰苑家作皆反文苑氏墓塼也案苑氏之先出自苑柏何
為晉樂正漢有苑鎮碑見洪氏隸釋今湖州尚有苑氏嘉作嘉家作家

宋元嘉塼長八寸二分厚一寸三分文曰元嘉十年大歲丁酉反文上端二泉文中形出烏程案是年歲在癸酉丁酉者匠人之誤

宋元嘉塼文字與上塼同上端
亦同惟尺寸稍長因並存之

宋元嘉塼長九寸七分厚一寸五分文曰
元嘉十三年太歲丙子起作右側三格
乂文上下端泉文出武康嘉作嘉

宋元嘉塼長九寸二分厚一寸二分文曰元嘉十三年八月廿四日以下不可辨反文

宋元嘉塼長九寸厚一寸四分文曰元嘉十五年右側八月二字反文出烏程

宋元嘉塼長一尺一分厚一寸三分文曰元嘉十五年作專反文上下端皆泉文案專即塼之正字出烏程

宋元嘉塼長九寸四分厚一分二分文曰吴賊曺𡉚亟大宋元嘉十六
下端文曰年歲在己卯出烏程案亟即也作池解年作𡗗乃别體晉
書地理志吴郡統縣十一其一曰吴縣職官志郡有門下賊曹縣有賊
曹掾史此塼非郡即縣之賊曹署中築池所造甗

宋元嘉塼長六寸一分厚一寸二分文曰宋元嘉廿二年下斷上端沈麻㑣冢四字出烏程麻者面麻謂面有⿰黑虎子也㑣即雁之俗字蓋雁工而面有麻因以爲名耳嘉作⿱壴加或曰沈姓名麻雁

宋孝建塼長八寸二分厚一寸二分文曰孝建三年八月造作上端中⚹文兩頭Ⅲ皿下端兩格⚹文出烏程案孝建乃孝武帝紀元也

宋大明塼長八寸厚一寸五分上端文曰大明二年四字案大明乃宋孝武帝第二紀元也出烏程

宋大明塼長一尺厚一寸三分左側文曰
宋大明五年太歲以下不可辨右側泉
文錠文下端一虞字虞氏墓塼也出湖南

宋泰始塼長八寸厚一寸二分文曰泰始三年太歲丁未六月作未六月作四字雙行右側有銘文上端沈三師冢□下一字不可辨沈氏墓塼也出烏程冢作冢案泰始爲宋明帝紀元

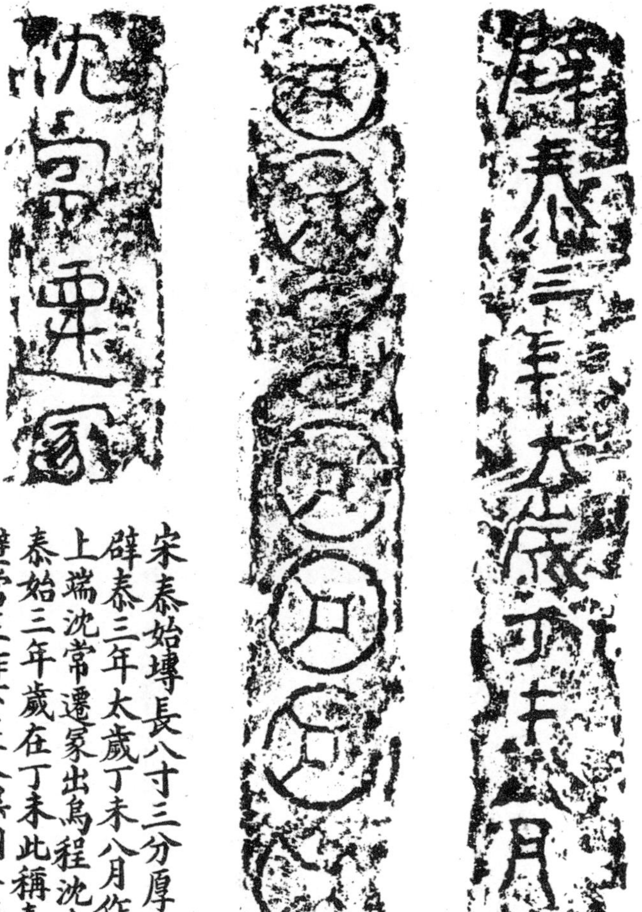

宋泰始塼長八寸三分厚一寸四分文曰
辟泰三年太歲丁未八月作右側泉文八
上端沈常遷冢出烏程沈氏墓塼也案
泰始三年歲在丁未此稱泰單舉一字
壁當在作下匠人誤倒耳壁作辟

宋泰始塼長四寸四分厚一寸二分文曰
宋泰始四年反文下斷出烏程

宋泰始塼長八寸厚一寸三分上端文
曰泰始六年中間古泉文出烏程

宋昇明塼長八寸九分厚一寸三分文曰昇明元年反文以下不可辨右側魚形上端錠文花紋出烏程棠昇明乃宋順帝紀元也

齊永明塼長四寸六分厚一寸三分文曰永明四年吳反文下斷出烏程案永明齊武帝第一紀元也

隋仁壽塼長五寸八分制作甚異分二格作乂文其字在上下左右上層年號已泐惟見四年二字下甲子壬三字其一字泐案四年甲子上推當爲仁壽元年歲在辛酉乃隋文帝第二紀元也下層之泐字當是歲字仁壽應在太建後因難安置姑列於此

陳太建塼長一尺三分厚一寸四分文曰太建元年八月右側字不可辨上端有者字反文下一字模糊案太建爲陳宣帝紀元者或堵之省元和姓纂堵姓本音者也

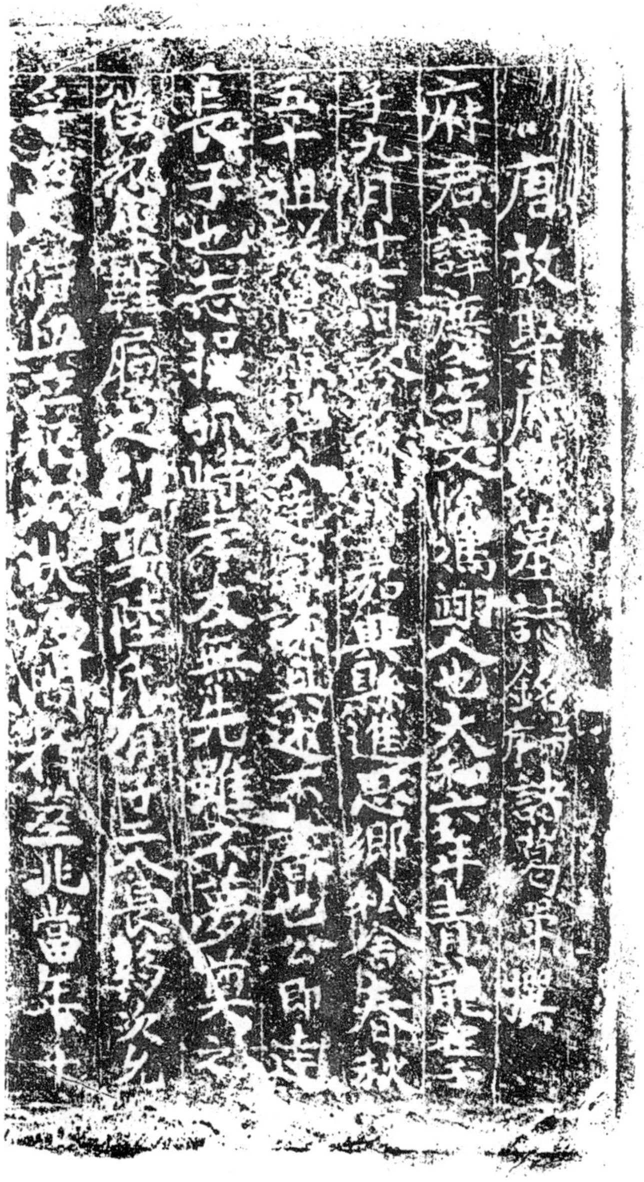

唐太和聚府君墓誌塼長一尺濶一尺厚一寸凡十二行共一百九十七字泐者一字其時為太和六年十月廿六日也案太和為唐文宗紀元元和姓纂晋有聚儁詩聚子内史古今人表作掫子慶蓋其苗裔耳此塼本禾中張叔未解元舊藏流轉吴門市上因購得之此係整塼今分列為二

唐大中塼長五寸厚一寸二分上端文曰大中二年七月造出烏程案大中唐宣中紀元也

宋咸平塼長三寸六分厚一寸文曰咸平五年四字反文下斷出烏程案咸平為宋真宗紀元也

施氏神室塼長八寸七分厚一寸二分文曰晉故太中大夫施氏神室出烏程施氏墓塼也案神室二字創見當與漢張平子冢賦所稱元室相同耳

高纂塼長一尺四分厚一寸一分文曰諫議大夫高纂反文下蕉葉紋出長興高氏墓塼也案元康六年高綜冢塼亦出長興且名皆从糸或其兄弟行歟

飛英塔塼長五寸七分厚二寸二分文曰
飛英塔塼四字楷書橫列出郡城

諸熙伯塼長一尺一寸厚一寸四分文曰揚州吳興故章諸熙伯年卌卌下一字不可辨案晉書地理志揚州統郡十八其七曰吳興吳興郡統縣十一其七曰故鄣章即鄣之省諸爲越大夫諸稽郢之後卌讀若𥃤論語石經年卌而見惡焉古文孝經鄭注卌强而仕是熙伯存年四十餘耳出烏程

蕭氏塼長一尺一寸濶四寸六分文曰青州藥安郡蕭氏建反文上端泉文宷晉書地理志云周禮正東曰青州蓋取土居少陽其色爲青故名漢武帝置十三州至晉不改其一即青州州統郡國六其一曰樂安蓋即今山東境之青州府樂安縣也藥與樂同音相借此與咸康四年蕭氏建塼同出塘栖當是一家墓塼也

張顯塼長一尺厚一寸五分文曰會稽張顯建專中間古泉文案專為塼之本字至集韻始見从土从石从瓦之字此塼為上虞葛少尹兆奎所貽張顯無考顯作顯建作逮專作専

將軍塼長九寸厚一寸文曰□□在壬辰君號偏□軍七十上端方罫文出烏程之菁山在上太歲二字軍上將字均泐號下存半字案漢制將軍之號不一有暫置事過即罷者

喬君略塼長六寸五分厚一寸三分文曰尚書令史喬君略壁右側下端俱方罫文案晉書職官志尚書令秩千石喬君略無考

晉故關内塼長四寸二分厚一寸一分文曰晉故關内下斷關内侯本秦制漢魏晉仍之此不知何人塼也出烏程晉作晋關作開

諸葛始豐塼長六寸五分厚一寸文曰琅邪陽都諸葛始豐君之墓案後漢郡國志瑯琊國秦置郡晉為國統縣九其一曰陽都漢書諸葛豐字少季瑯琊人始豐既籍瑯琊必豐之後不應與遠祖同名惟諸葛恪之孫恢仕晉為會稽内史遂家焉始豐或恢之後歟

千甓亭古塼圖釋卷十六

歸安陸心源剛甫輯

關内侯塼長九寸五分厚一寸六分文曰關内侯隋臨安令令下一字似墓字反文端有泉文案漢書百官公卿表爵十九級曰關内侯師古注言有侯號而居京畿無國邑隋書百官志陳制關中關外侯此或仕陳爵關内侯而降於隋者

李二世塼長一尺一分厚一寸三分文曰李二世ㄓ㠯一毋李二世三字反文上端ㄨ文出烏程李氏墓塼也二世者第二世也

臨淮徐聞先塼長一尺厚一寸六分文曰臨淮徐聞先公反文下一字泐上端泉文ㄨ文出長興

案臨淮郡名說見寶鼎塼下公者尊言之也

錢公壽塼長一尺一寸厚一寸四分文曰沮里錢公壽萬年端有口山倫等字沮里里名也壽萬年者殆生壙塼也出烏程

屠王兒子塼長九寸二分厚一寸三分文曰屠王兒子冢長生上端屠錢壁下端萬年吉屠氏墓塼也出烏程逸村埠棠建興四年塼有屠玉亦出逸村埠王即玉之變體屠玉屠錢當是兄弟行此玉子冢而錢爲之營葬者

曶家塼長一尺五分厚一寸四分文曰曶家冢壁長子下端孫萬年上端

曶錢壁出烏程家作冢

屠錢塼長五寸五分厚一寸三分文曰屠錢兒子下斷上端屠王冢三字出烏程

屠王作功塼長三寸七分厚一寸二分文曰太平冢三字下斷上端屠王作功四字出烏程太平冢吉祥語也

屠王壁塼長三寸八分厚一寸三分文曰屠王壁三字下斷上端蕉葉紋

功曹史塼長四寸九分厚一寸三分上端文曰□□啟化功曹史上二字不可辨案漢書職官志司隸校尉有從事功曹史郡國有功曹史晉書職官志有特進所屬功曹史光祿大夫所屬功曹史太守所屬功曹史縣令所屬功曹史此則不知何等功曹史也出烏程

包氏塼長一尺厚一寸一分文曰包氏二字為兩格上有小直格下⊠文出烏程

兒君塼長九寸一分厚一寸四寸文曰吳興功曹兒君反文吳興二字爲一格功曹兒君四字爲一格案晉書職官志太守屬官有功曹史功曹書佐此蓋吳興郡之功曹也兒姓周郳子之後去邑爲兒見元和姓纂

徐朖塼長九寸八分厚一寸二分文曰□□徐朖字行先上二字不可辨出烏程徐氏墓塼也案徐氏墓之在郡境者漢有徐禹徐鴻吳有徐盛徐典晉有徐廣則徐固吳興世族矣徐作徐 行作 行先作失

侍中塼長一尺厚一寸二分文曰故侍中儲氏稚子神反文出烏程案儲氏不知所自始漢有儲大伯富人儲姥見元和姓纂侍中官名司馬彪郡國志侍中比二千石稚子字也漢王渙字稚子同此

孔餘杭塼長一尺五分厚一寸五分上端文曰孔餘杭之靈郭反文案餘杭縣漢屬會稽郡後漢屬吳郡三國吳屬吳興郡晉宋齊梁陳皆仍之此當是孔姓而官餘杭縣令者塼與宋永初元年之塼同出長興當屬劉宋二塼字迹顯晦不同因並存之

潘氏塼長一尺厚一寸四分文曰吴興烏程潘氏一字一格篆文出烏程潘氏墓塼也吴作[illegible]興作[illegible]烏作[illegible]

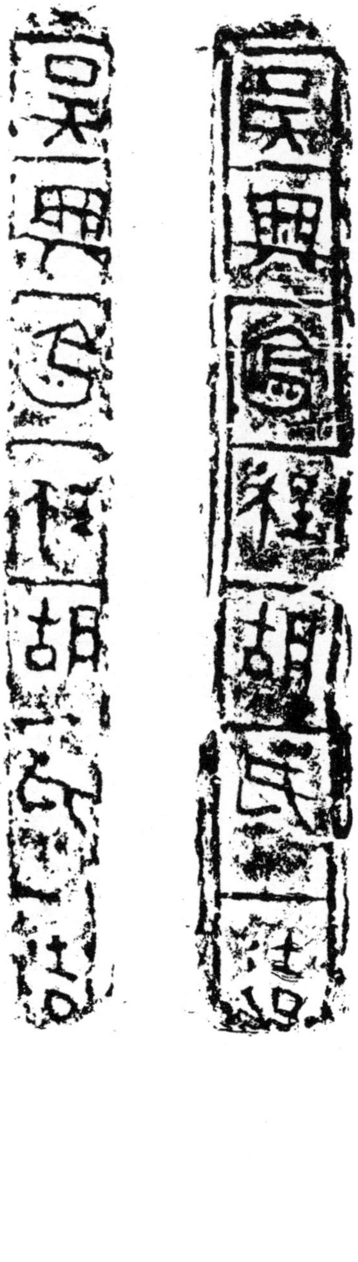

胡氏塼長一尺一寸五分厚一寸七分文曰吴興烏程胡氏造一字一格出烏程胡氏墓塼也又一塼尺寸文字同其形較狹與建興三年胡將軍塼同出西余山

令子塼長一尺一寸四分厚一寸六分文曰令子賢者在父母孝道以槧反文出鳥程案槧與漸通釋名槧漸也言其漸漸長也

其宜也塼長一尺一寸厚一寸四分文曰而力彐市市王日吉而凡四格上三格每格二字下一格三字下端文曰全昙全兆其宜也出長興

赤窮塼長一尺六分厚一寸三分文曰無終始曾積過矢甞在己少封嶔上端文曰赤窮利無奉反文亲窮上似赤字嚴上似封字矢與失通無作無又作無窮作冣奉字不可識出烏程

尹作塼長九寸七分厚一寸三分左側四格
花紋下端尹作二字作字反文出歸安案尹
為少昊之後封於尹城因氏焉

番䆃塼長九寸四分厚一寸三分左側如有篆文不可辨中有兩ㄨ文上端番䆃作三字䆃字反文出烏程案番姓高帝紀吳芮封番謂之番君子孫因以為氏武帝時有番係

角王塼長一尺四分厚一寸五分文曰吴此是角王上端送頭二字皆反文出烏程案角王見漢書匈奴傳有四角六角之名皆匈奴子弟次弟當為單于者送頭疑莽者之名猶匈奴之名頭曼也吴吴國也雖與匈奴隔絕或夷王子弟質吴而流寓吴興者此作此是作是

旲尹夫塼長九寸五分厚一寸四分左側上下皆古篆不可識中間似旲尹夫三字反文旲姓曲阜族路史旲英氏之後出烏程

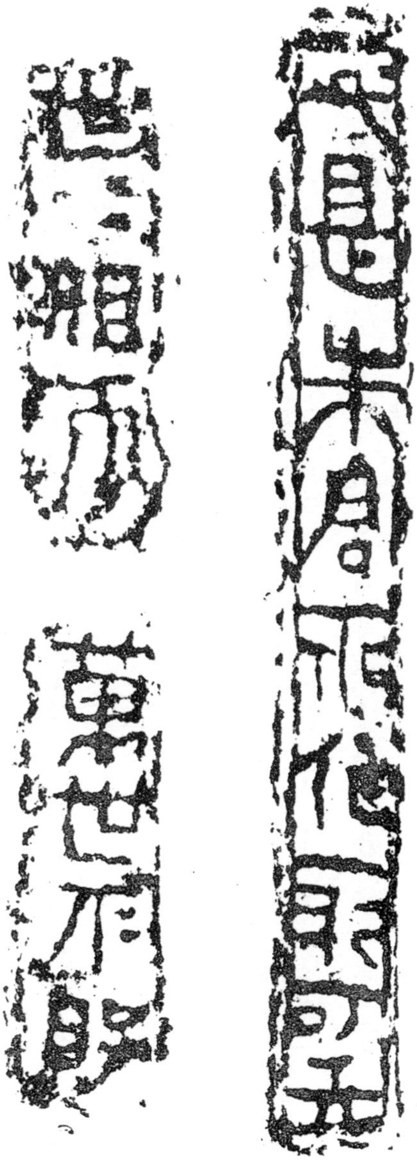

朱君塼長一尺三分厚一寸二分左側文曰此是朱君所作助可立上端世二相

口下一字不可識下端萬世不毁出烏程

朱君塼長一尺厚一寸二分其左側文字與前塼同惟上下端無字耳
亦出烏程

百世塼長一尺三分厚一寸文曰百世罕乜湆于冢湆于氏墓塼也出烏程
案湆于氏為周湆于國之後見風俗通

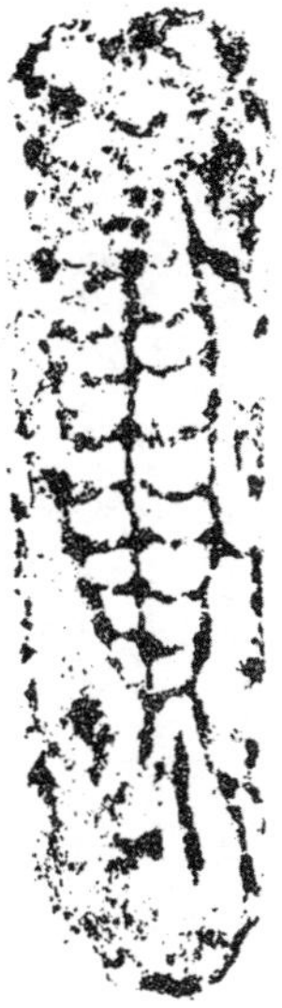

歲在壬午塼長一尺厚一寸二分文曰歲在壬午年平安□下一字不可辨上端一魚形出武康

邑書塼長一尺一寸厚一寸五分文曰□月廿三起作□反文上下兩字不可辨上端邑書二字反文出烏程邑氏墓塼也

申酉塼長九寸六分厚一寸二分文曰申酉太歲己丑菅道人下端⧖文申酉者堪輿八會之說道人道家者流也出烏程內歲己丑菅四字反文

惟太歲塼長九寸三分厚一寸四分文曰惟太歲在丙戌□立宜時上世安内太歲在上四字反文上下端似有文不可辨出烏程

青龍白虎塼長一尺一分厚一寸一分文曰萬歲青龍白虎緒壁上端土匠朱下端朱師法出烏程緒氏墓塼也緒姓見廣韻師作𠂤帀

青龍白虎塼長六寸七分厚一寸三分文曰王二而天𦍌日下缺上端青龍白虎四字反文案葬書葬以左為青龍右為白虎出烏程

左青龍右白虎塼長九寸八分厚一寸二分文曰左青龍右白虎右白虎三字倒中間龍虎形上端萬歲累世四字一字一格出烏程

萬世永封塼長九寸五分厚一寸八分文曰管萬世永封下㐅文
管氏墓塼也

錢東塼長四寸五分厚一寸四分
文曰錢東口下斷東下一字不可
辨出烏程錢東無攷

陳章塼長九寸厚一寸三分文曰五年陳萬下一字不可辨下端

俞氏二字俱反文上端乂文出烏程

黃畏長塼長八寸九分厚一寸二分文曰
曰萬歲不敗□□下二字不可辨上端文
曰黃畏長黃氏墓塼也出烏程

俞有萬塼長一尺厚一寸三分上端文曰俞有萬反文左側花紋出烏程俞氏墓塼也

七月十九塼長八寸五分厚一寸二分上端
文曰七月十九日反文左側似萬歲不敗四字

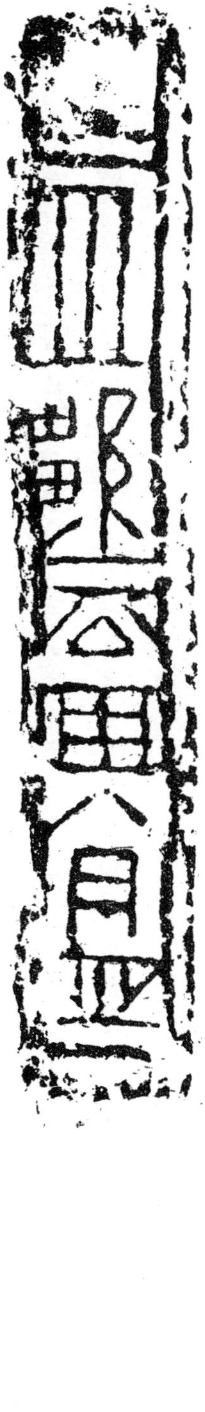

鄒公八月塼長九寸三分厚一寸五分
左側鄒公二字一格八月二字一格間
以花紋上端蕉葉紋鄒氏墓塼也

吴興永安塼長一尺厚一寸五分文曰吴興永安八月廿九日作反文出烏程
寀輿地志漢烏程之餘不鄉地吴分為永安以協謠言見通典武康注

千甓亭古塼圖釋卷十七

歸安陸心源剛甫輯

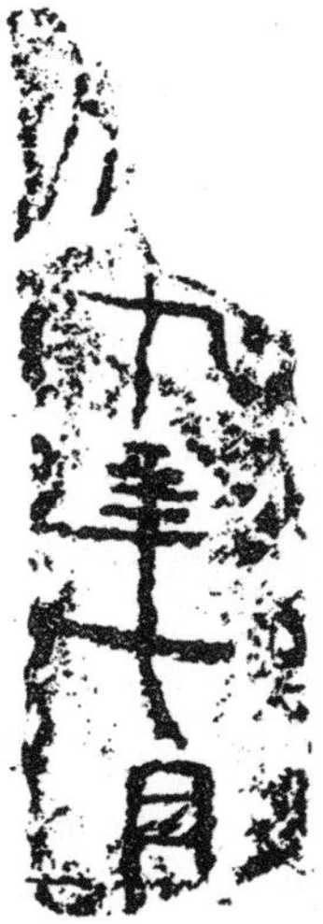

范銅塼長六寸厚一寸二分左側文曰七月世日孫子范銅二字一格下端九年七月四字上缺范氏墓塼也出烏程

甲申塼長四寸五分厚一寸
文曰甲申□十八日孫子者
申下當是朔字子下或諸
或褚不能定也

鄭遵塼長四寸二分厚一寸
三分文曰鄭遵造三字鄭氏
墓塼也案元和姓纂鄭巫公
為楚所滅子孫流于陳宋以
國為氏鄭遵無攷出烏程

計僕氏塼長五寸三分厚一寸五分左側花紋中有㐅文上端計僕氏三字
案計僕之姓不見載籍元和姓纂引國語計然爲越大夫范蠡師本虁邱濮上人或計然之後合計僕爲氏歟出烏程

吳中師塼長五寸六分厚一寸三分左側××文上鈌下端文曰吳中帥也四字篆帥即師字見于洪氏隸釋不一處此則反其旁作帀𠂤為可異耳出烏程

潘瑾塼長九寸厚一寸二分文曰吳興東遷學潘瑾造上端㐅文案東遷爲晉太康三年分烏程東鄉爲此縣潘瑾當是晉代東遷學官也出烏程

潘遊塼長四寸六分厚一寸三分上端潘遊二字反文左側乂文出
烏程潘氏墓塼也

潘立塼長四寸三分厚一寸一分上端
文曰君姓潘偉立五字出烏程偉者
諱之假也

東遷塼長五寸七分厚一寸三分文曰東遷一字一格出烏程遷作遷

都尉塼長三寸八分厚一寸五分文曰都尉東遷王上斷出烏程案晉官制有奉車都尉駙馬都尉騎都尉殿中都尉之別東遷縣名王氏墓塼也

作此范塼長三寸五分厚一寸三分文曰月廿九上鈌上端日作此范四字皆反文一字一格出烏程范當即範

吳興立塼長四寸厚八分文曰吳興立下斷出烏程

沈參軍塼長三寸八分厚一寸二分文曰
沈參軍冢塼案參軍之名始于後漢之
季與參謀議而非官名至晉始置爲官
吳興沈氏以參軍終者晉則沈警是也
然則此或沈警墓塼歟出烏程

吳口陽塼長四寸三分厚一寸四分
上端文曰吳口陽吳下一字似俊字
反文出武康陽作陽

元年塼長九寸八分厚一寸四分文曰元年八月己丑朔十日上鈌案通鑑目錄永康元年八月己丑朔當為永康元年塼之下截出烏程

十七日塼長五寸八分厚一寸四分文曰辰朔十七日作訖反文上下均斷

陳恩塼長七寸厚一寸三分文曰
元年八月陳恩作上斷下端錠文
陳氏墓塼也出烏程

陳螎塼長五寸厚一寸七分左側有萬字下斷上端陳螎二字出武康陳氏墓塼也案說文有蝙字無螎螎或融之變體也

陳莫塼長五寸四分厚一寸三分上端文曰陳莫字字下不可辨左側細斜方格文出長興陳作⿰阝果莫作臬

元生塼長五寸八分厚一寸六分左側直格花紋上端文曰二日元生作
出烏程元氏墓塼也案元為衛元咺之後

丙子塼長六寸九分厚一寸五分文曰丙子八月六日孫君造作反文下端古泉文出烏程孫氏墓塼也造作二字已泐

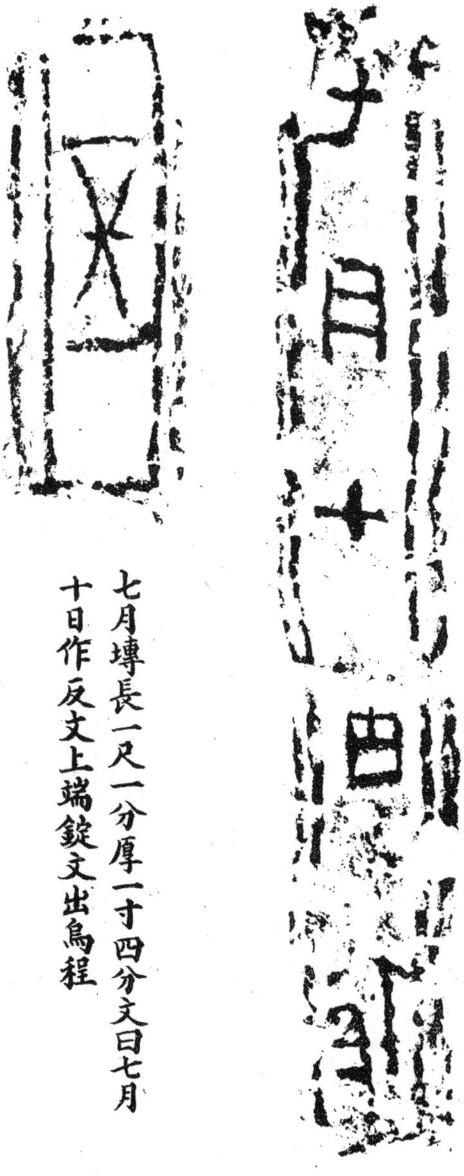

七月塼長一尺一分厚一寸四分文曰七月十日作反文上端錠文出烏程

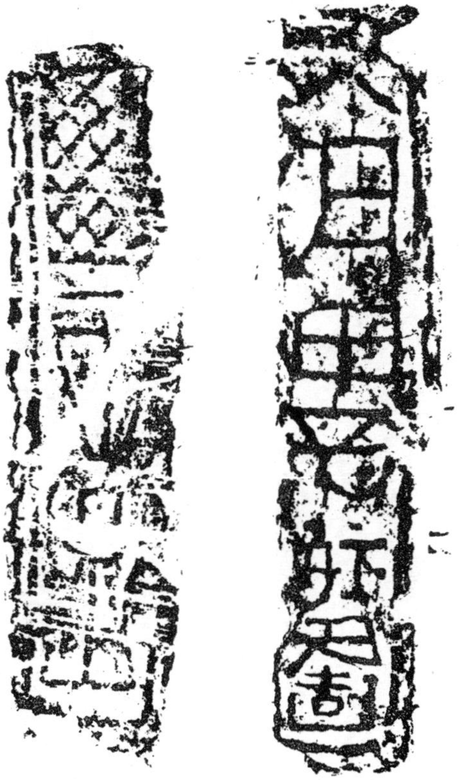

施氏造塼長六寸八分厚一寸四分左側八月甲子施氏造反文
右側斜方格及古泉文

施俱塼長五寸三分厚一寸七分
文曰施俱所作一字一格施氏墓
塼也出烏程

施伯禮塼長五寸厚一寸上端文曰施伯禮
三字反文下斷施氏墓塼也出烏程

太歲在丙子塼長五寸厚一寸一分文曰年太歲在丙子上斷出烏程

故鄣塼長四寸八分厚一寸七分文曰在癸未故鄣王上斷王氏墓塼也故鄣在今武康縣境

所造萬□墓塼長四寸五分厚一寸三分文曰□所造萬□墓上一字不可辨萬下當是秊字下端⩔⊙⩓文

氏陵塼長五寸厚一寸三分文曰廿九氏陵作上斷案吳志是儀本姓氏孔融嘲之曰氏字民無上乃改為是是古有氏姓也出烏程

楊普塼長五寸三分厚一寸四分
下端文曰楊普壁左側花紋右
側一普字餘莫辨出烏程

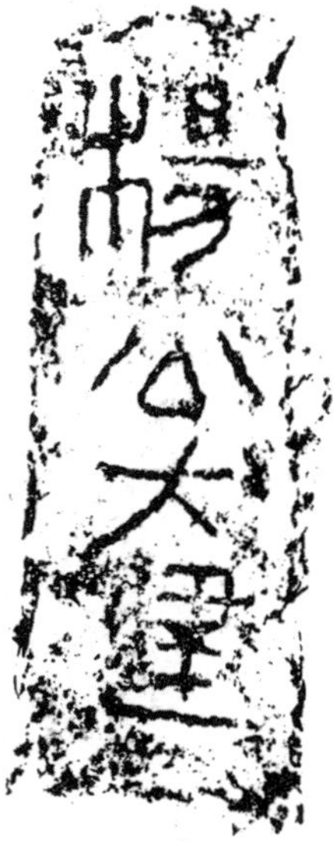

楊公大塼長九寸五分厚一寸六分文曰□年八月下端楊公大建左側錠文出武康楊氏墓塼也

三行塼長四寸三分厚一寸三分可辨者七月廿六日五字又似錢冢等字皆反文上端有不敗二字出烏程

人形塼長四寸三分厚一寸五分中間上半人形下有豊字左有字不可辨

右建作墓壂送五字反文出烏程

癸酉朔塼長四寸五分厚一寸五分文曰
癸酉朔三日創立上斷出烏程

元年八塼長五寸五寸厚一寸二分左側
乂文上端元年八三字出烏程

虞氏塼長五寸八分厚一寸三分左側文曰年八月虞氏使上缺年字殘
下端文曰工辪四作出烏程此當是連讀虞氏使工辪四作也

范四塼長三寸三分厚一寸四分上端文曰范卅造作左側不敗二字上斷
范氏墓塼也出烏程

魏氏塼長五寸五分厚一寸二分文曰
元年魏氏造五字一字一格上端元字
已殘出烏程

黃山塼長五寸四分厚一寸四分文曰月廿日□黃山作黃上一字不可辨
上端文曰是姜泄泄下一字不可辨皆反文出烏程

黃字塼長四寸厚一寸五分文曰黃下一字不可辨下斷上端泉文

錢氏塼長六寸四分厚一寸二分文曰
在戊寅七月廿日錢氏造錢氏墓塼
也出烏程

錢大夫塼長三寸一分厚一寸二分下端文曰錢大夫作八月三字為一格
左側字不可辨上斷出烏程錢氏墓塼也

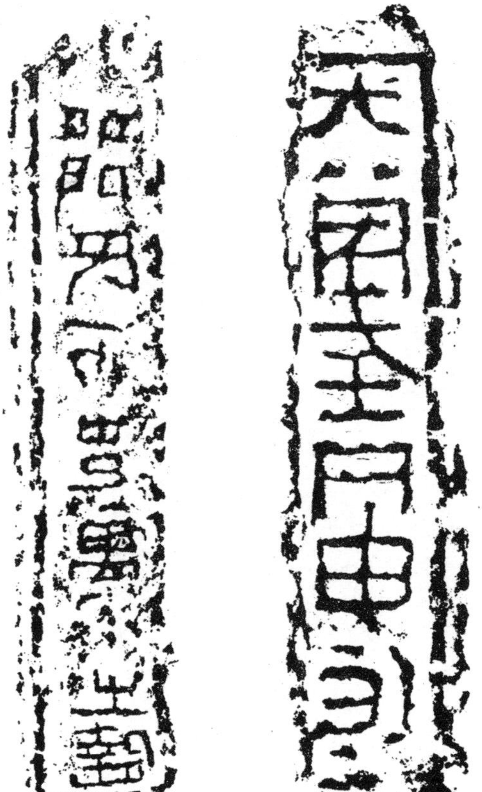

太歲在甲申塼長六寸厚一寸三分文曰太歲在甲申作右側文曰口門氏所造萬口㞢壁皆反文門上一字或西或北不能定當是雙姓萬下一字當是年字歲作𡧪在作左

太歲丙申塼長五寸五分厚一寸四分文曰太歲丙申七月十日立上缺

右側文同而字多殘泐出烏程

力勛塼長四寸五分厚一寸五分文曰力勛八月作反文上斷下端泉文
出長興案力姓爲黃帝臣力牧之後見姓苑

周所作塼長四寸六分厚一寸三分左側上鈌中間泉文下三年二字下端八月周所作五字反文周氏墓塼也案周爲文王之後見元和姓纂出烏程

辛亥作功塼長七寸厚一寸四分文曰八月
辛亥作功作字反文下端三字下一字似
倫字出武康

子是塼長四寸六分厚一寸三分下端文曰君子是藏右側莫作二字上缺

子是葬者之字當曰其君子是藏而缺其姓出長興

孝子塼長八寸二分厚一寸七分文曰元年六月丙申朔丗日孝子上鈌下斷案通鑑目録漢武帝元封元年元帝永光四年成帝元延元年宋營陽王景平元年皆六月丙申朔此塼字畫古勁與甘露本初塼類當為漢制無疑

八月造塼長四寸六分厚一寸四分文曰年八月造廣上鈌上端壁口吳興壁下

一字不可辨廣當是壙之別體壁作壁興作興

家居富波里塼長五寸厚一寸六分文曰癸丑謝氏作下端家居富波里五字出長興案富波當即富陂輿地紀勝云晉武帝太康三年立長城縣富陂村是也癸字謝字已殘

姓矦居富波塼長四寸五分厚一寸五分文曰丑謝氏作上斷下端姓矦居富波出長興富波見上丑字謝字已模糊

千甓亭古塼圖釋卷十八

歸安陸心源剛甫輯

君富貴塼長一尺一寸四分厚二寸二分下端君富貴三字左側萬歲不敗此四字一字一格出安吉富作富貴作貴皆變體

君宜官塼長一尺厚一寸六分下端文曰君宜官左側文曰萬歲不敗一字一格出安吉案易林安上宜官一日九遷蓋頌禱詞也

富貴陽隧塼長一尺一分厚一寸三分左側及下端皆花紋右側萬歲不敗四字一字一格上端富貴陽隧四字反文出烏程此與鳳皇三年施氏塼同出一穴案隧隧道也古者惟天子有隧後世臣下皆僭為之陽隧不知何義長白宋小梧同知藏有左陽隧塼或男女合葬隧道分而為二左為陽而右為陰歟

萬歲不畺塼長一尺一寸厚一寸四分
文曰萬歲不畺上端有一萬字下一
字不可辨出烏程案說文畺界也或
从土彊聲不畺猶無疆也詩七月萬
壽無疆是也萬作[illegible]又作[illegible]歲作[illegible]

萬歲崇高塼長一尺一寸二分厚一寸四分文曰萬歲崇高上端文曰崇高崇作[illegible]高作[illegible]皆變體崇高亦頌禱語也出烏程

萬歲永封塼長一尺四分厚一寸五分文曰萬歲永封出烏程永作亓與示字相似

萬歲魚鳥塼長一尺一寸二分厚一寸七分
文曰萬歲不敗上端魚鳥形出安吉

萬歲魚塼長一尺一寸厚一寸五分文曰
萬歲不敗上端魚形出安吉

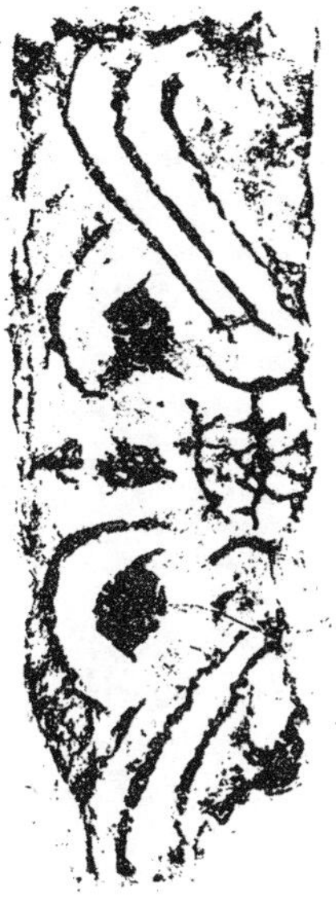

萬歲虎頭塼長一尺厚一寸五分文曰
萬歲不敗下端虎頭形出烏程不作
飛敗作[illegible]

萬歲虎頭塼長一尺厚一寸五分文曰
萬歲不敗下端虎頭形出烏程

萬歲雙虎頭塼長一尺一寸厚一寸五分文曰萬歲不敗上端雙虎頭形出烏程

虎頭塼長五寸五分濶五寸面有大泉五百錢文二間以蕉葉文上端兩虎頭形下端不敗二字出烏程

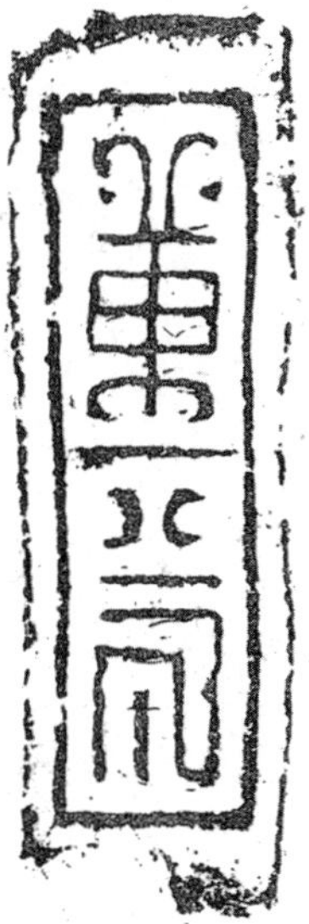

萬歲五銖錢塼長一尺一寸厚一寸六分文曰萬歲不敗上端萬歲平面五銖錢互間以花紋出烏程萬作[illegible]歲作[illegible]又作[illegible]不作[illegible]敗作[illegible]

萬歲不敗塼長一尺二寸厚一寸六分文曰萬歲不敗一字一格繆篆文
出烏程萬作[illegible]歲作[illegible]不作[illegible]敗作[illegible]

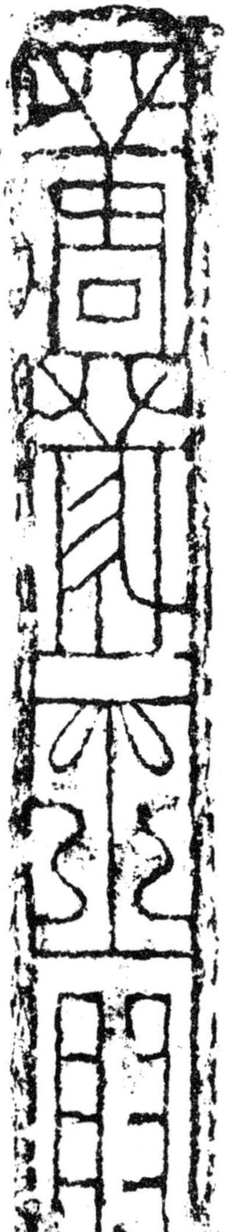

萬歲不敗塼長一尺七分厚一寸四分
文曰萬歲不敗上端萬歲二字皆一
字一格萬作[illegible]又作[illegible]歲作[illegible]不作
[illegible]敗作[illegible]

萬歲不敗塼長一尺一寸厚一寸七分文曰萬歲不敗一字一格每字上加以𢆶出烏程萬作萬歲作嵗不作[illegible]

萬歲不敗塼長一尺一寸六分厚一寸九分
文曰萬歲不敗一字一格上端亦有萬歲
二字萬作萬歲作𡻕不作𣎵

永衪傳塼長一尺六分厚左側一寸右側一寸四分下端文曰永衪傳左側文曰萬歲不敗此與甘露二年塼同出一坑當屬漢

聶氏塼長九寸八分厚一寸二分左側文曰萬歲不敗一字一格上端文曰万秬聶紂四字反文出烏程聶紂當是人名万秬未詳

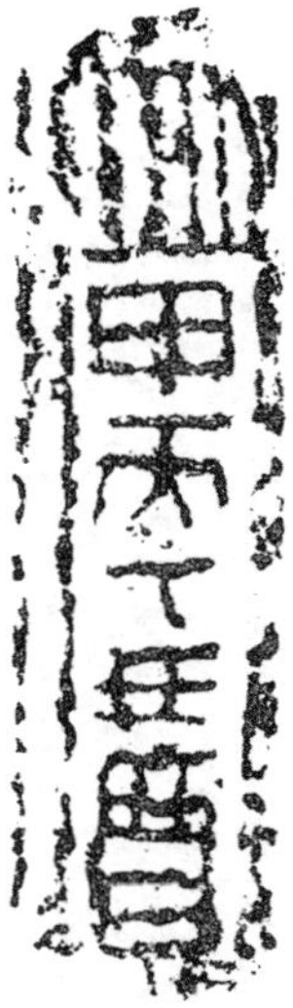

甲丙丁丑酉塼長一尺五分厚一寸四分文曰萬歲不敗古篆文一字一格上端甲丙丁丑酉五字甲字上有直格萬作[illegible]歲作[illegible]不作[illegible]敗作[illegible]

萬歲富貴塼長一尺厚一寸三分文曰萬歲不敗富貴下端文曰萬歲不敗反文萬字全缺歲字半殘出烏程萬作[illegible]歲作[illegible]不作[illegible]富作[illegible]

孟有千年塼長一尺厚一寸五分文曰萬歲不敗下端文曰孟有千年出烏程與建衡塼同出一處孟氏墓塼也

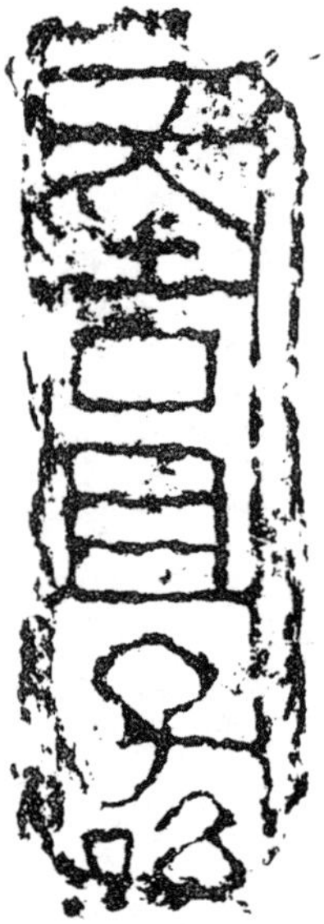

大吉宜子孫塼長一尺一寸八分厚一寸八分文曰萬歲不敗反文上端大吉且子孫出烏程宜作且省文也

千千萬吉塼長一尺五分厚一寸五分文曰萬山不敗富貴吉上端文曰千〻萬吉反文出烏程以山為歲匠人之省文富作畗貴作賔吉作𠮷

萬世不貝塼長九寸六分厚一寸五分上端文曰萬世不貝左側文曰萬歲不敗出烏程敗作貝省文也

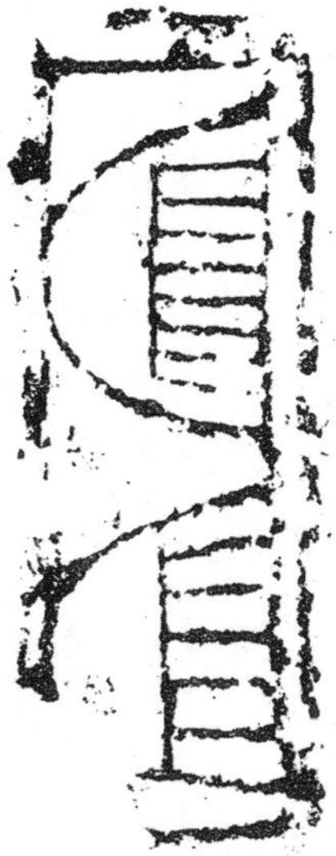

萬世百萬塼長一尺八分厚一寸八分
文曰萬世不敗百萬反文百萬上有
一泉文下端花紋萬作禺

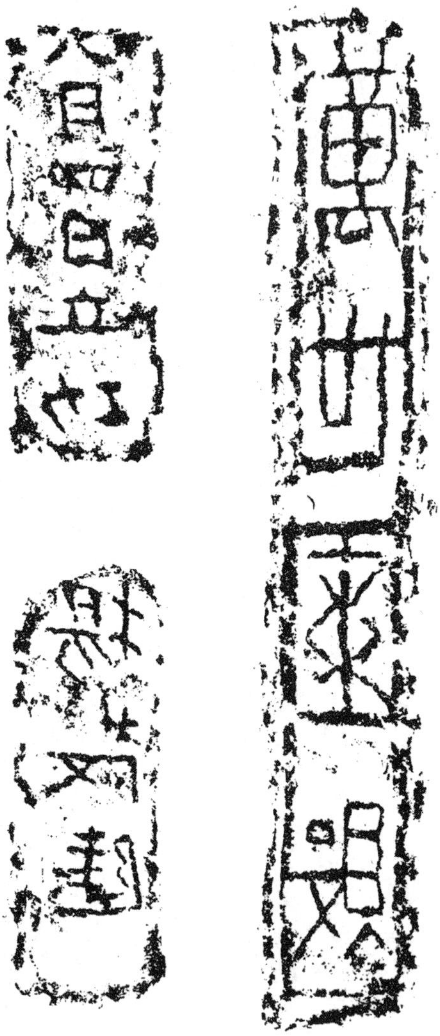

萬世不敗塼長八寸九分厚一寸三分文曰萬世不敗右側有关文上端八月四日立功下端楊殷壁俱反文楊氏墓塼也出烏程不作朿其形甚異

范氏塼長一尺一寸厚一寸八分左側萬歲不敗上端萬歲二字皆一字一格右側范氏二字下端一范字出烏程范氏墓塼也萬作[illegible]歲作[illegible]不作[illegible]敗作[illegible]

己未大吉塼長一尺二寸厚一寸五分文曰萬歲不敗己未大吉冢反文上端古篆文出烏程

吳冢塼長六寸厚一寸四分文曰造作吳冢吉下斷上端萬歲二字出烏程吳氏墓塼也

施甓塼長四寸七分厚一寸四分文曰在辛丑上缺下端施甓萬歲出
烏程施氏墓塼也

蜀郡塼長五寸六分厚一寸二分文曰蜀郡分二格每字上有八文右側萬歲二字下缺案晉書地理志蜀郡秦置統縣六出烏程箐山

不敗七月作塼長一尺五分厚一寸五分
文曰不敗七月作其上當是萬歲二字
已泐上端似有興字出烏程

太歲在丙戌塼長一尺厚一寸五分文曰太歲在丙戌六月作下端萬歲皆一字一格萬作[illegible]歲作[illegible] 此與本初元年塼同出烏程之避村篆有隸意當屬漢

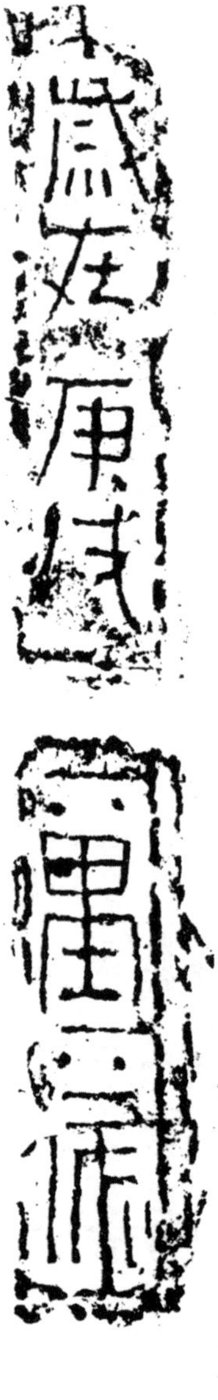

庚戌塼長六寸厚一寸二分文曰歲在庚戌上缺上端文曰萬歲分二格出
長興萬作[illegible]歲作[illegible]

兕氏塼長一尺厚一寸二分文曰兕氏所作萬歲永封兕氏墓塼也

千秋萬歲塼長八寸七分厚一寸二分文曰千秋萬歲一字一格篆文出烏程

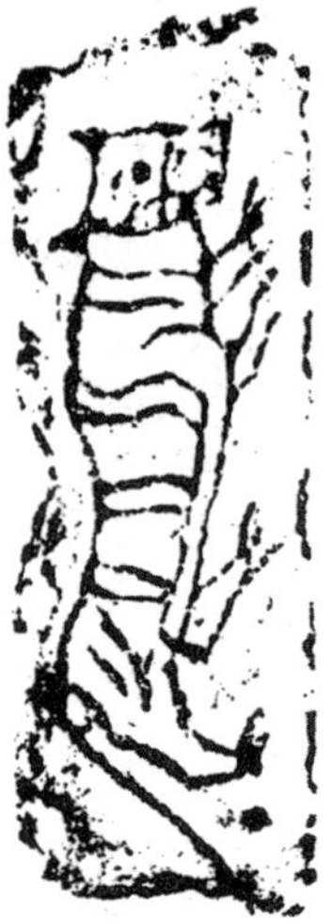

虎形塼長四寸二分厚一寸五分左側一萬字下斷上端全虎形出烏程

龍形塼長一尺二分厚一寸四分上端
萬歲左側兩龍形出烏程

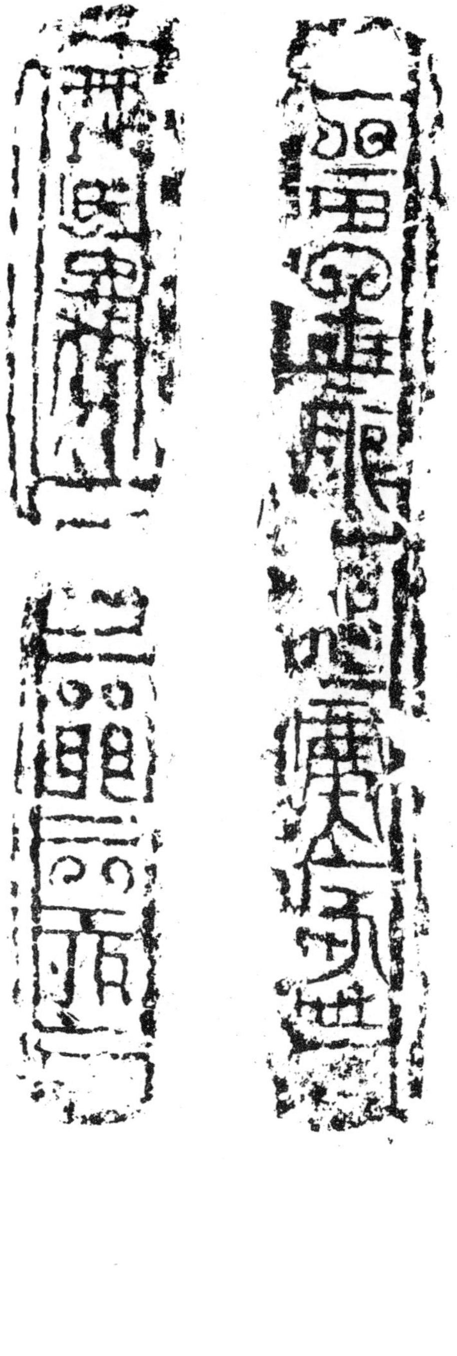

萬歲康塼長一尺厚一寸五分文曰萬歲康福慶長上端范氏貴三字下端古篆文出烏程范氏墓塼也萬歲康福慶長皆頌禱辭此與易林受其福慶永降 共祥之語相類

千甓亭古塼圖釋卷十九

歸安陸心源剛甫輯

既壽考塼長一尺一寸四分厚一寸六分
文曰既壽考宜孫子下端文曰安後世
皆一字一格吉祥語也出烏程子作子
安作安

既壽考塼長一尺一寸厚一寸六分文曰既壽考宜孫子一字一格又一笵
文字同而較短因並存之

既壽考塼長一尺厚一寸二分文曰既
壽考宜孫子上端文曰出富貴皆一
字一格此殆生壙塼也出烏程

既壽考塼長一尺五分厚一寸三分文曰既壽考宜孫子一字一格上端萬歲二字亦生壙塼也出烏程

大吉昌塼長一尺一寸三分厚一寸五分文曰大吉昌宜侯王上端君宜官三字出安吉

八月大吉塼長一尺一寸厚一寸文曰八月
大吉宜侯王專世作反文上端錠文出
烏程專氏墓塼也案專氏不知所自
吴有專諸或專借爲傳作傳世解義
亦可通

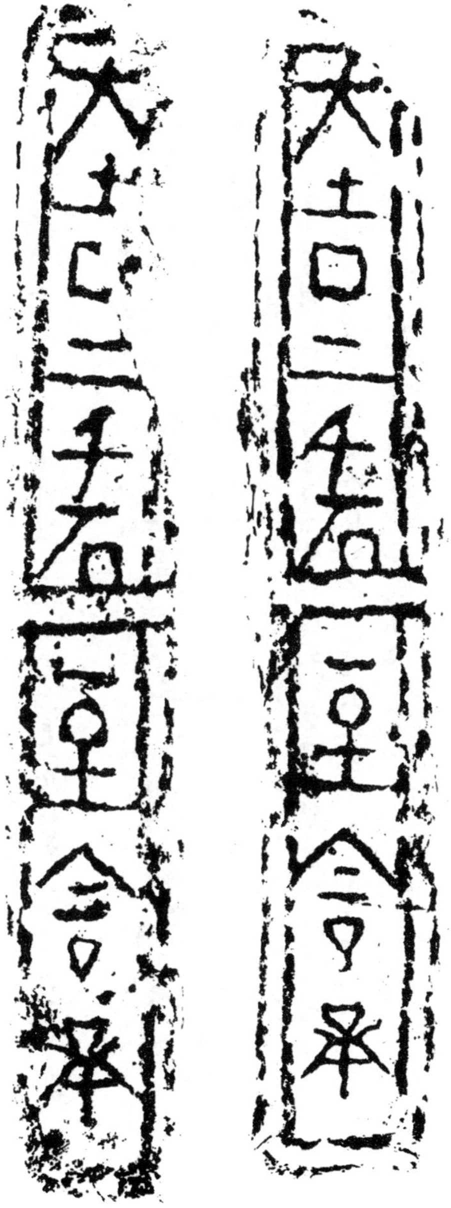

大吉二千石塼長一尺一分厚一寸三分文曰大吉二千石至令丞上五字為一格下三字為一格出烏程案大吉者祝誦辭二千石漢晉受祿之制漢制三公之次為九卿秩皆中二千石其次為二千石又其次為比二千石若九卿丞尚書令大縣令皆千石九卿所屬諸令六百石令各有丞或四百三百二百石不等令丞之俸在二千石下故云二千石至令丞也令作令丞作丞又一范較長因並存之

宜三公塼長六寸九分厚一寸三分文曰口者宜三公二千石第一字不可辨
案漢魏之三公為太尉司徒司空三公之下以二千石為最尊故云宜三公二千石也

大吉喪塼長九寸五分厚一寸二分文曰大吉喪宜子孫壽考考字
已殘出烏程案說文喪亾也喪亾安得稱大吉或葬之借字又元和
姓纂通志畧皆有喪姓抑喪氏墓塼未可知也

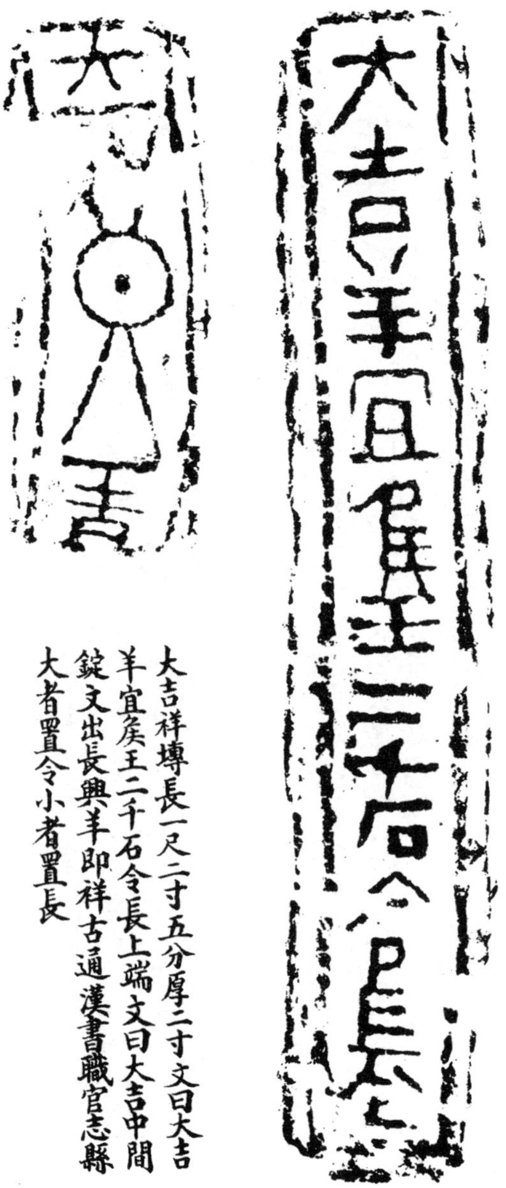

大吉祥塼長一尺二寸五分厚二寸文曰大吉羊宜矦王二千石令長上端文曰大吉中間錠文出長與羊即祥古通漢書職官志縣大者置令小者置長

太平安樂塼長九寸一分厚一寸二分
文曰太平安樂二千石反文下端兩
格⊠文出烏程

二千石塼長九寸三分厚一寸六分文曰舍二千石至令令字已殘分兩格篆隸續有建初三年萬歲舍大利善塼建初七年萬歲署舍命吏後子孫貴昌塼洪氏疑爲卜築所用此塼或亦相類歟出烏程淩霞案舍字疑大吉二字因大字横畫剝落之故

吳大吉塼長一尺厚一寸二分文曰
吳大吉宜子孫下端平安多三字
多字反文出烏程吳氏墓塼也

萬歲無極塼長一尺厚一寸五分文曰萬歲無極子孫千此頌禱語與秦瓦當之與天無極易林之長生無極子孫千億同

子孫高遷塼長一尺厚一寸四分文曰子孫高遷壽萬年下一字似費字高遷者頌禱辭出烏程

壽萬年塼長九寸八分厚一寸四分文曰壽萬年長子孫費案吴興費氏爲費季友之後見費鳳碑漢有梁相汎堂邑令鳳九江太守均皆見隸釋汎鳳之碑本在吴興城南三碑鄉塼出是鄉或即汎與鳳之墓塼歟

出公侯塼長九寸八分厚一寸三分文曰元吉出公矦鍾子孫出烏程案元吉者即易所謂元吉也出公矦者謂所葬地可出公矦而鍾于子孫也

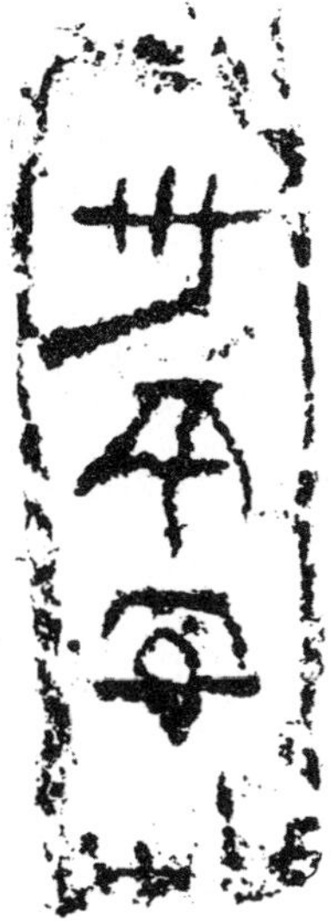

平安富貴塼長一尺五分厚一寸
七分文曰口千萬歲平安富貴下
端世平安反文皆頌禱語也出烏
程千字已泐上一字不可辨

富貴長壽塼長一尺五分厚一寸一分文曰富貴長壽中間一泉文
出烏程喬木山

福祚永昌塼長九寸三分厚一寸四分文曰歲吉月祥福祚永昌
吉利語也出烏程歲字已殘

富貴塼長一尺一寸八寸厚三寸三分上下花紋中間富貴二字並列

姚彥侍方伯所贈出四川富作富

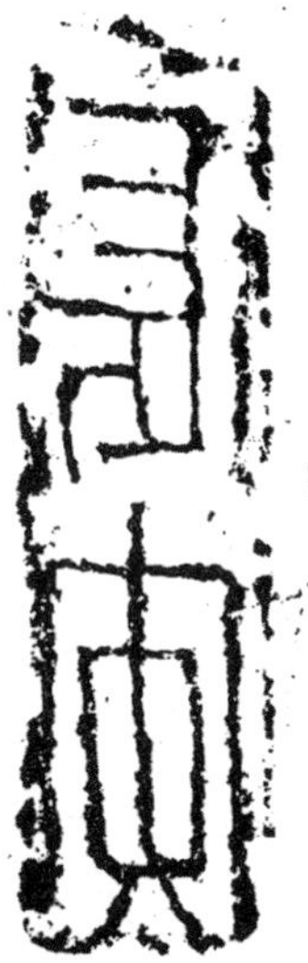

大富安塼長一尺六分厚一寸三分文曰丁丑大富安下端長安二字出武康大富安長安皆吉祥語安作宊文作宊 淩霞案首二字似丁丑丁字反文

長壽貴塼長一尺二寸四分厚一寸九分文曰長壽貴上端文曰安樂篆文出烏程出長興者爲陰文此乃陽文

長壽貴塼長一尺三分厚一寸五分
左側長壽貴三字上端安樂二字
皆陰文出長興此生壙塼也

宜僊壽貴塼長一尺一寸三分厚一寸二分文曰宜僊壽貴上端文曰宜僊皆繆篆陰文出長興案說文僊長生僊去也釋名老而不死曰僊揣其義或亦生壙塼也

僊壽塼長一尺厚一寸六分文曰僊壽貴下端僊字可辨下一字泐繆篆陰文出烏程

爵禄臻塼長一尺六分厚一寸五分文曰富且昌爵禄臻下端嗣長殷三字右側雲雷文三字為句與古韵合禄作祿案禮記王制疏禄穀也故可从禾爾雅釋詁嗣繼也説文長久遠也廣雅釋詁殷大也衆也且作㠯嗣作䛐皆篆體之變此與甘露塼同出烏程之喬木山

爵祿臻塼其尺寸文字及右側雲雷文均與上塼同惟下端無嗣長殷三字因並存之

世世不窮塼長一尺一分厚一寸六分文曰營万世世不窮矦右側上截長富貴下截鳥形出長興世世不窮矦者與晉書陶侃傳所謂微時將葬遇一老父指一山曰當世世二千石文義相似營作營營謂營葬

宜王富貴塼長一尺一寸厚一寸四分文曰宜王富貴口下一字不可辨宜字之下横畫與王字之上横畫借用富作⿵冂畐貴作⿱曰田 出長興

大吉子多塼長一尺六分厚一寸四分文曰大吉子多所宜下㐅文
出紹興子作丫反文

大吉塼長九寸六分厚一寸二分文曰大吉七月作出烏程

大吉塼長一尺六分厚一寸一分左側花紋上
端上花紋泉文下大吉作三字出烏程

延年益壽塼長五寸厚一寸四分文曰延年益壽四字上端二龍形此古人生壙塼棨隸釋有永初七年延年益壽郭題字即此類也

宜矦王塼長九寸厚一寸四分左側四格乂文下端宜矦王三字一字一格反文出烏程

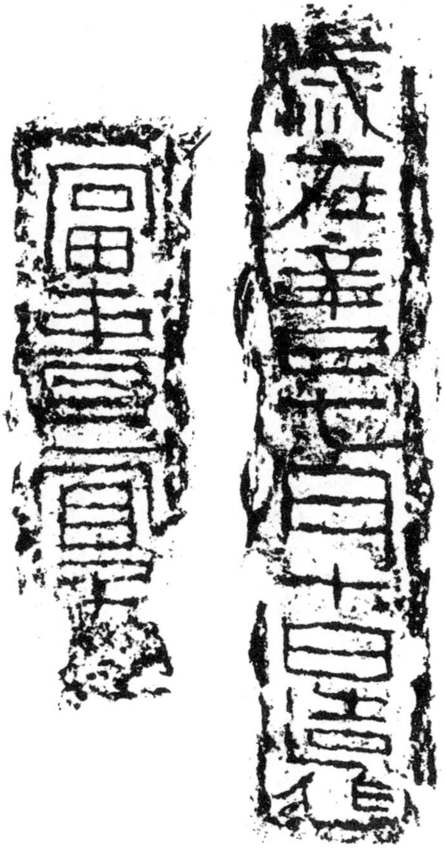

歲在辛巳塼長七寸六分厚一寸七分文曰歲在辛巳七月十日造作
下端富貴宜壽壽字已泐出烏程

元年色塼長一尺厚一寸五分文曰元年
色巳田上端富貴二字貴字色泐此色
氏墓塼巳田名也

出富貴塼長六寸厚一寸六分上端文曰出富貴左側萬歲二字
皆一字一格歲字已泐出烏程

富貴萬年塼長四寸三分厚一寸三分左側文曰在辛丑潘氏作

上缺下端文曰富貴萬年皆反文出烏程潘氏墓塼也

吉富貴塼長五寸四分厚一寸三分文曰吉富貴昌四字上缺昌字已殘出烏程

富貴樂塼長七寸厚一寸三分文曰吉詳冡富昌樂詳反文上缺出烏程案詳與祥通

安樂塼長五寸八分厚二寸一分
文曰安樂二篆文出烏程

觀者塼長五寸六分厚一寸六分
文曰觀者二字分二格下斷出烏程

常樂塼長六寸一分左側厚一寸一分右側厚一寸五分左側文曰常

樂下斷右側[illegible][illegible]二字皆一字一格出長興

常樂長塼長五寸厚一寸四分文曰常樂二字分二格下端一長字皆篆文出烏程

千甓亭古塼圖釋卷二十

歸安陸心源剛甫輯

宜子孫衆多塼長一尺四分厚一寸九分

文曰萬年宜子孫衆多孫字反文上

端一年字出長興衆作[illegible]多作[illegible]與

繆篆分韻所收曹多印之[illegible]同一變體

富貴老塼長四寸七分厚一寸八分文曰富貴老下斷上端月形
下一米字出長興米氏墓塼也

富貴安塼長四寸六分厚一寸六分文曰富貴安右側宜永昌出長興
永作[illegible]昌作[illegible]三字分三格

平安富貴塼長三寸七分厚一寸二分左側萬歲二字下斷文曰葬平安

富貴出爲程安作安富作富貴作貴

大吉羊塼長四寸八分厚一寸下端大吉羊三字左側四字上二字不可辨下𠬞廾二字出烏程案說文𠬞引也从反廾廾竦手也从𠂇又羊即祥

不敗大吉塼長四寸五分厚一寸四分文曰不敗大吉四字上缺上端
兩×文中泉文出烏程

元吉塼長六寸厚一寸四分
左側上元吉二字中直格
下斷出烏程

安吉塼長四寸二分厚一寸左側文曰安吉上斷下端永年萬出烏程

富貴塼長五寸厚一寸五分上端文曰富貴二字並列出烏程

至九千萬塼長九寸五分厚一寸三分
文曰七易至九千萬大吉萬字上有
三横格上端窗文出烏程案易者塲
之有界也易大壯喪羊于易旅喪牛
于易是其義

章氏塼長一尺一寸厚二寸二分
上端章氏二字左側泉文三間
以斜方格文出烏程章氏墓塼也

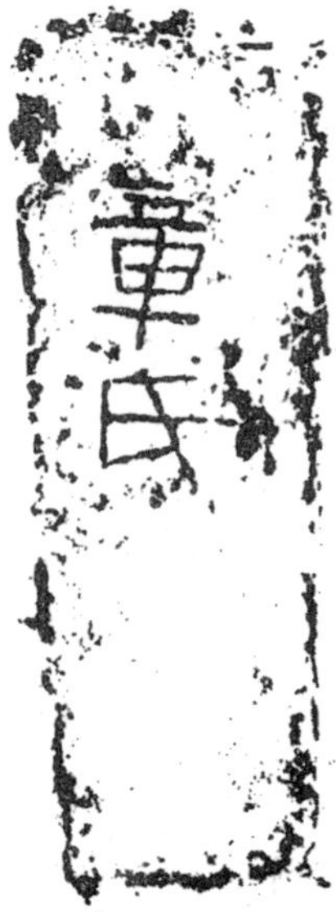

章氏塼長一尺一寸厚二寸二分上端章氏二字左側蕉葉紋中有泉文三出烏程章氏墓塼也

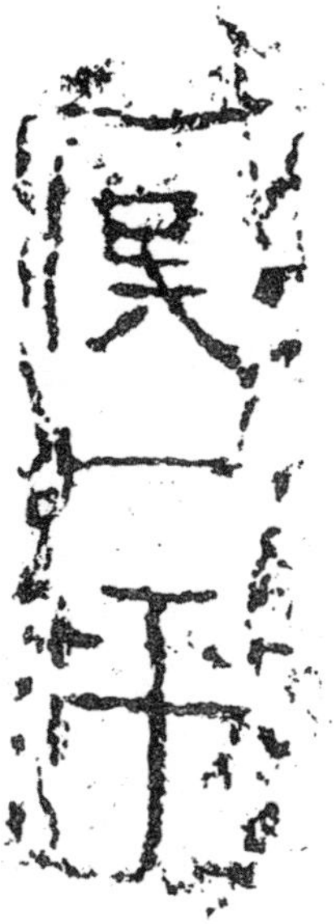

吳平塼長九寸九分厚一寸四分上端文曰吳平二字旁兩格左側四格乂文案三國志孫皓傳天紀三年有買菜生工人吳平家塼出烏程之烏山與鳳皇三年施氏塼同地或即其人歟

包季塼長一尺五分厚一寸四分上端包季二字下端〇⧖文左側元火⧖下二字不可辨包氏墓塼也出烏程

在丙戌塼長五寸五分厚一寸四分文曰七月太歲在丙戌施施字外餘
皆反文下端乂文

太歲在辛酉塼長五寸厚一寸三分左側文曰丁巳朔十日上缺下端文曰
太歲在辛酉出烏程

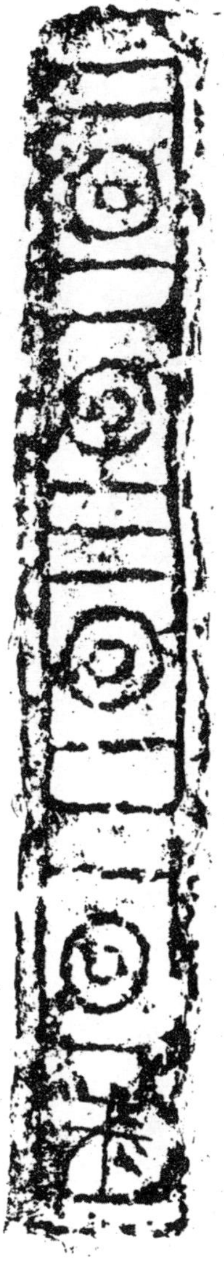

建志塼長九寸五分厚一寸五分左側泉文四其下一朱字上端建志卜兜四字朱其姓建志其名卜兜者卜葬其子塼也出烏程

曹字塼長一尺厚一寸二分上有曹字下⊠文又斜方格文中有泉文
曹氏墓塼也

塋字塼長四寸二分厚一寸五分其文似六
字內塋字甚明及月字莫字偏旁餘皆模糊

吳興塼長八寸七分左側吳興二字中間
花紋下東遷二字遷字反文下端吳興
二字出烏程

息隱未彰塼長三寸厚一寸八分上端文曰□孫息隱未彰上一字半殘孫字反文左側字泐不可辨出烏程之西崦山隸法甚精應是漢物

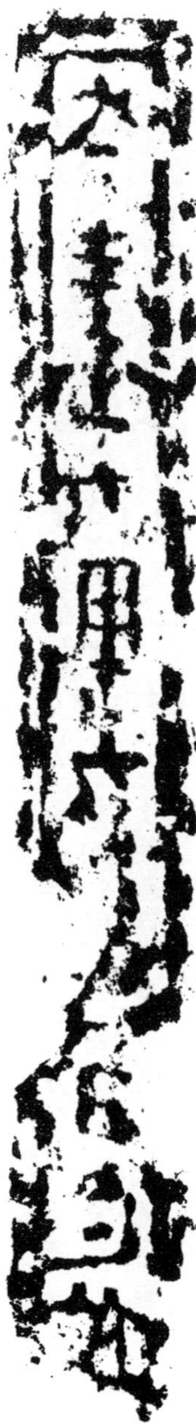

太歲在甲塼長一尺五分厚一寸二分
文曰太歲在甲九月十日造作上端
六十年三字出烏程

永口年塼長九寸五分厚一寸五分
右側中有四出錢文上下斜方格文
上端永口年盾口永下不知何字盾
下已泐盾或循之省然無此姓或人
名也

徐氏塼長一尺二寸厚一寸五分中有一徐字反文餘皆古篆及花紋不可辨

王室塼長一尺一寸厚一寸二分文曰□□□大王王室立市今□吊□□□上端有図文餘皆不可辨且不能强解

月作塼長八寸五分厚一寸四分右側有月作二字甚明作字反文上端有月字偏旁餘皆不可辨

五字塼長九寸厚一寸四分右側中有一五字反文餘皆不可辨上端有[illegible]文

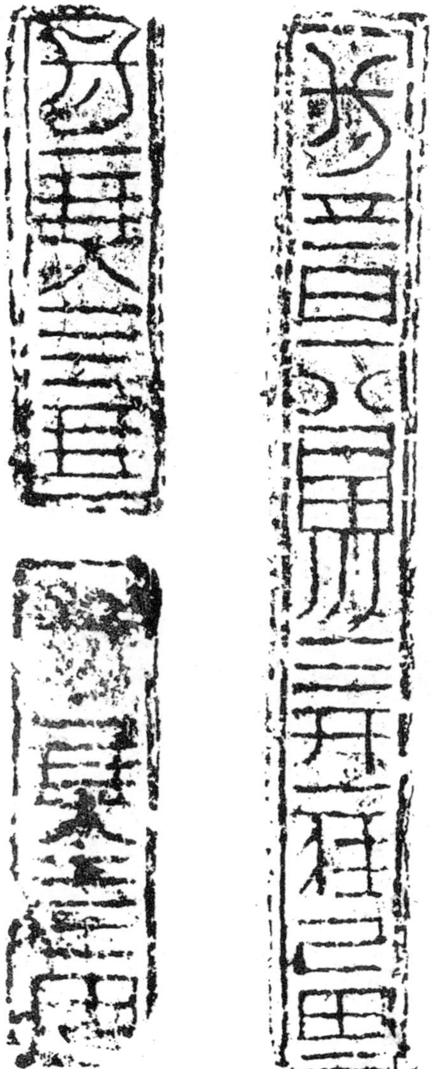

古篆字塼長一尺五分厚一寸三分左側下似己田二字其餘及上下端皆莫辨出長興

古篆字塼長一尺四分厚一寸四分左側五字中有斜格文下一魚形
上端有大㬥二字下端有大宜二字餘皆不可辨出烏程

古篆字塼長一尺八分厚一寸五分

左側上端皆古篆陰文不可辨

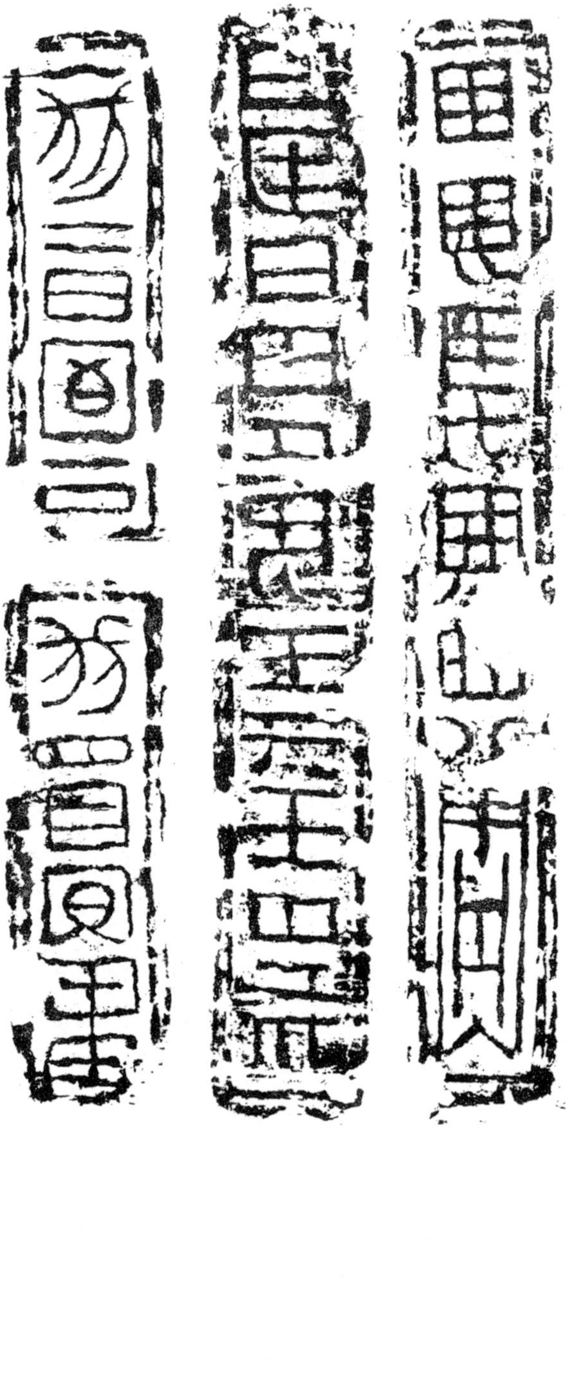

古篆字塼長一尺一寸厚一寸三分左側中有民興似長興二字其餘及上下端皆不可辨出長興

古篆字塼長九寸厚一寸二分其中似有小富等字上端亦有富字

古篆字塼長一尺一寸五分厚一寸五分下截似田一日等字餘皆不可辯

古篆字塼長八寸八分厚一寸三分中有一亞字餘皆不可辨出烏程

古篆字塼長四寸五分厚一寸四字古篆一字一格審其字形或亦萬歲不敗惟此四字變體極多止有不能臆定者左側㐅文

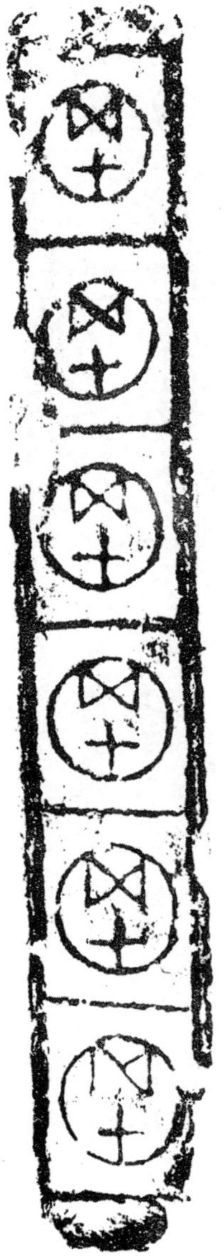

泉范塼長一尺六分厚一寸六分左側有五十二字泉文六格上端五十二字泉文三格出烏程

五銖泉塼長一尺厚一寸八分上端

五銖泉二左側斜方格文分四格

魚形塼長一尺五分厚一寸七分右側古篆花紋上有一魚形下端泉文花紋

魚形塼長一尺一寸厚一寸七分左側上下魚形中間似有一毛字倒文下端魚形

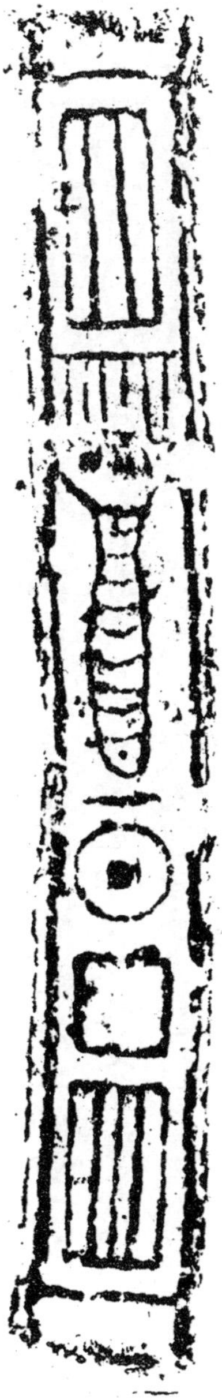

魚形塼長一尺七分厚一寸六分左側
中間魚形泉文上下窗文上端古篆文

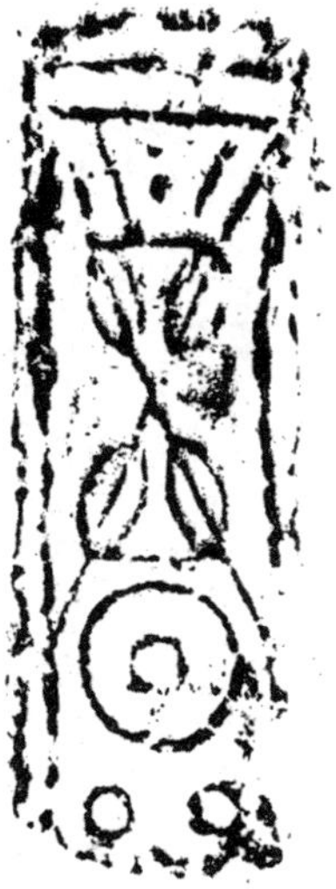

花紋魚形塼長一尺二分厚一寸
四分左側花紋泉文魚形上端
花紋泉文出烏程

朱雀塼長五寸四分厚一寸三分似有一山字上端有雙朱雀形出烏程

鳳形塼長三寸三分厚一寸五分上有雙鳳相對形

樹形塼長八寸八分厚一寸三分左側作枯樹形與甘露塼同出烏程之喬木山

附：紀年磚拼音索引

F

G

H

J

W

X

Z

紀年磚筆畫索引

三畫

四畫

五畫

六畫

七畫

八畫

九畫

十畫

十二畫

十三畫

十四畫

十六畫

二十畫